開拓社叢書 17

# 言語現象とことばのメカニズム

日英語対照研究への機能論的アプローチ

**安武知子**【著】

開拓社

# は し が き

　本書は，主として英語と日本語にみられる種々の表現形式を対象に，それらの意味・談話機能について，広義のコンテクストに照らし，事象に対する話者の認識・語用論的判断と密着させながら論じたものである．第 I 部では，名詞の類表示機能と属性表示機能に着目し，名詞句の個体指示機能と併せて対比的に考察を行っている．第 II 部では，数標示システム，直示詞の機能，不定代名詞類の体系を扱っている．第 III 部では，概念化様式と統語のインターフェースという観点から副陳述と句動詞構文の語順交替を分析している．第 IV 部では，グローバル化の進む現代社会における異言語間コミュニケーションの問題を，人類言語学の知見を援用しながら論じている．

　本書の元となったのは，過去 20 年ほどの間に大学の紀要等に発表した論考であり，4 つのテーマに沿って，その後の研究動向を踏まえ，新しい知見を加えて大幅な修正を施して編集した．原著論文が一つを除きすべて英文であったため，本書の執筆に当たっては，日本語の文章として熟れていない箇所がないように，また，記述がコンパクトでそっけないものにならないよう心がけた．

　各章のトピックはさまざまであるが，機能論的観点から英語と日本語の構造を眺めたときに何が見えるのか，という問題意識が通底している．いずれの章においても，言語理論の知見を踏まえ，現象の背後にあることばのメカニズムの秘密に迫りたいという志向をアクセルにして，言語実態の解明に取り組んでいる．全体の方向性は，個々の事象の研究を通して，人間言語の普遍性と個別言語のメカニズムを追求し，さらには，ことばと人間の関わりにも迫りたいというものである．

　機能論的アプローチは，しばしば，文法プロセスとそれ以外との境界を

曖昧にしてしまうという批判にさらされる．実際には，境界の存在は認めながらも，分野の枠を超える現象の存在をクローズアップするという結果に至ることが多いのである．最近の科学研究の傾向として，一般に白黒はっきりつける二元論的な見方がゆるんできて，どちらでもない中間的な立場が認められるようになっている．特定の分野やレベルで考えていると，より高位でマクロな視点での真実を見落としがちであるという指摘もある．言語のシステムというのは階層的になっていて，その階層ごとに真実があり，しかもそれが相互に影響を与えているモジュールのようなシステムを成していると考えられる．

　生成文法の門をくぐり，人間言語の奥深さに日々魅せられつつ研究生活を続け，これまでに LSA のインスティテュートに 6 回出席し，また 1989 年から一年間ハーバード大学において客員研究員として過ごす機会を得た．世界の数多くの言語学者と直に接し，幅広い分野の最先端の研究に触れることができたことは，至福の時間，まさしく刺激と新鮮味と高揚感の日々であった．現在に至るまで，個々の課題に沿って研究を進めていく間に，分野横断的な視点を持ち続け得たのはこの経験があったからであると考える．

　最近は，通信工学をはじめとする科学技術の急速な進歩により，コーパスを用い，「データ／一般化」と「分析」とに分かれた形で発表される論文が増えてきており，その有用性は高い．本書はそのような近代化の恩恵に浴する前の段階の，経験科学的手法を用いた，いわば地を這うタイプの研究の成果であるが，英語学・日英対照言語学に興味を持ち，これから論文を書こうとしている若い研究者にテーマの種を少しでも提供できればと願っている．

　1992 年に発足させた「機能主義言語学研究会」は，他大学の研究者の参加も得て，留学生を含む大学院生や卒業生を中心とした研究の場として現在まで活用されている．時代の変遷，学問の多様化，特に IT 化の進展に伴い，研究スタイルは変わってきており，一堂に会しないと綿密な情報交換ができないという状況ではもはやなくなってきたこともあり，発足当

初は月に 1 回ぐらいのペースで行っていたが，今は年に 3 回の開催にとどまっている．

　本書の内容が先行する内外の文献に多くを負っていることは言うまでもないが，発想の原点は，安井稔，桑原照男，久野暲，中右実の諸先生による示唆と薫陶である．内容の一部は，機能主義言語学研究会で発表し，メンバーから多くの助言をいただいた．また，富山大学，神戸大学，愛知県立大学での集中講義を背景としている部分もあり，講義の中で得た学部生・大学院生からのコメント，質問等も参考にさせていただいた．この場を借りてお礼を申し上げたい．日常的に，愛知教育大学で講義に積極的に参加してくれる日本語教育コースの学生，英語教育専攻と国際理解教育領域の院生にも感謝したい．

　本書を執筆していく段階で，協力を惜しまなかった，川岸貴子さん，永田由香さんに心よりお礼を申し上げたい．開拓社編集部の山本安彦さんと川田賢さんにも大変なお世話になった．ここに記して感謝の意を表します．

2007 年 3 月　名古屋

安武　知子

# 目　次

はしがき

## 第Ⅰ部　名詞の形態と意味

### 第1章　類表示と個体指示 ･･････････････････････････････････ 2
1. 日本語における数概念の欠如 ････････････････････････ 3
2. 英語のはだか名詞 ････････････････････････････････････ 5
3. 他言語におけるはだか名詞 ････････････････････････････ 9
4. 具体的指示と一般的指示 ････････････････････････････ 12
5. 抽象と具体の両面性 ････････････････････････････････ 18
6. 数標示機能 ････････････････････････････････････････ 21
7. 類表示機能と非指示性 ･･････････････････････････････ 21
8. おわりに ･･････････････････････････････････････････ 23

### 第2章　はだか名詞の意味語用論 ･････････････････････････ 24
1. 二重身分性と再分類化 ･･････････････････････････････ 26
2. 形態と文法上の地位 ････････････････････････････････ 28
   - 2.1. 形　態 ････････････････････････････････････････ 28
   - 2.2. 文法上の地位 ････････････････････････････････ 29
3. 属性抽出表示 ･･････････････････････････････････････ 32
   - 3.1. 非指示性 ････････････････････････････････････ 32
   - 3.2. 融　合 ･･････････････････････････････････････ 34
4. 類表示と対比的含意 ････････････････････････････････ 35
   - 4.1. 類表示（下位範疇化）････････････････････････････ 35
   - 4.2. 対比的含意 ････････････････････････････････････ 37
5. おわりに ･･････････････････････････････････････････ 39

### 第3章　名詞の選択と属性表示 ･･･････････････････････････ 40
1. 意味の場と一般化のレベル ･････････････････････････ 42
2. 意味と指示 ･･･････････････････････････････････････ 46

－ vii －

3. 定　　性 ･････････････････････････････････････････････ 50
　　　　3.1. 定存在物のコード化 ････････････････････････････ 52
　　　　3.2. 不定存在のコード化 ････････････････････････････ 59
　　4. 感情的意味合いの負荷 ･･････････････････････････････ 64
　　5. おわりに ･･････････････････････････････････････････ 66

## 第 II 部　数標示と代名詞類

### 第 4 章　個体認定と文法上の数 ･･･････････････････････ 70
　　1. はじめに ･･････････････････････････････････････････ 70
　　2. 英語における文法上の数 ････････････････････････････ 71
　　3. 日本語のはだか名詞 ････････････････････････････････ 75
　　4. 個体認定と可算性 ･･････････････････････････････････ 79
　　5. 有界名詞句と非有界名詞句 ･･････････････････････････ 85
　　6. 数標示手段としての数類別詞と部分詞構文 ････････････ 88
　　7. おわりに ･･････････････････････････････････････････ 91

### 第 5 章　直示詞の機能
　　　　――個体認定と参与者志向―― ･･････････････････ 93
　　1. はじめに ･･････････････････････････････････････････ 93
　　2. 個体認定機能 ･･････････････････････････････････････ 94
　　3. 談話参与者志向と近接／遠方の対立 ･･････････････････ 99
　　4. パラメトリックな変異 ･･････････････････････････････ 100
　　　　4.1. 英語の体系 ････････････････････････････････････ 100
　　　　4.2. 日本語の体系 ･･････････････････････････････････ 101
　　　　4.3. 朝鮮語の体系 ･･････････････････････････････････ 102
　　　　4.4. ラテン語とスペイン語の体系 ････････････････････ 102
　　5. 空間，談話，心象 ･･････････････････････････････････ 103
　　6. 語用論的効果 ･･････････････････････････････････････ 107
　　7. 日英比較 ･･････････････････････････････････････････ 110
　　8. おわりに ･･････････････････････････････････････････ 112

### 第 6 章　不定代名詞類の意味と談話機能 ･････････････ 113
　　1. はじめに ･･････････････････････････････････････････ 113
　　2. 考察対象 ･･････････････････････････････････････････ 114
　　3. Haspelmath による先行研究 ･････････････････････････ 116
　　4. 談話上の地位 ･･････････････････････････････････････ 123

5. 認知ファイルと二種類の不定性……………………………… 126
6. 内在極性の不在 ……………………………………………… 129
7. 個体のアイデンティティー ………………………………… 132
8. おわりに ……………………………………………………… 134

## 第 III 部　副陳述

### 第 7 章　副陳述
――主陳述と共に伝達されるもう一つの意味―― ………… 138

1. はじめに ……………………………………………………… 138
2. 英語における副陳述 ………………………………………… 139
3. 焦点副詞 ……………………………………………………… 141
4. 結果構文 ……………………………………………………… 142
5. 範囲限定機能 ………………………………………………… 144
6. 結果項構文 …………………………………………………… 146
7. 使役移動構文 ………………………………………………… 148
8. 語彙的限定 …………………………………………………… 151
9. 二重目的語構文 ……………………………………………… 154
10. 受け身文 ……………………………………………………… 156
11. おわりに ……………………………………………………… 157

### 第 8 章　概念化様式と統語のインターフェース
――英語の他動句動詞構文―― ……………………………… 159

1. はじめに ……………………………………………………… 159
2. 行為志向 vs. 結果志向………………………………………… 163
3. 類似構造 ……………………………………………………… 167
4. 副陳述の存在 ………………………………………………… 170
5. 目的語名詞の認知上のステータスと志向の中和 ………… 172
    5.1. 新情報を担う長い目的語………………………………… 172
    5.2. 強勢のない代名詞目的語………………………………… 174
    5.3. 目的語が一般的な事物を指す名詞の場合 …………… 175
    5.4. 受け身構文 ……………………………………………… 176
6. 抽象名詞メタファーの場合 ………………………………… 177
7. 概念化の様式 ………………………………………………… 179
8. おわりに ……………………………………………………… 184

## 第 IV 部　異文化間の言語コミュニケーション

### 第 9 章　言語と文化の複合メタメッセージ
　　　　　──異文化間の談話語用論── ………………………… 186
- 1. はじめに ……………………………………………………… 186
- 2. メタメッセージと関連概念 ………………………………… 187
  - 2.1. メタメッセージとは何か………………………………… 187
  - 2.2. 関連概念 ………………………………………………… 187
- 3. メタメッセージの種類と内容 ……………………………… 189
  - 3.1. メタメッセージのいろいろ …………………………… 189
  - 3.2. ことばによるものとことばによらないもの ………… 189
  - 3.3. 意識的なものと無意識的なもの ……………………… 191
  - 3.4. メタメッセージの内容 ………………………………… 192
- 4. 会話スタイル ………………………………………………… 193
  - 4.1. 会話スタイルとは ……………………………………… 193
  - 4.2. 慣習化された会話スタイル …………………………… 193
  - 4.3. 個人的な会話スタイル ………………………………… 194
  - 4.4. 個別言語特有の会話スタイル ………………………… 194
- 5. 異文化間のコミュニケーション …………………………… 195
  - 5.1. 異文化コミュニケーションにおける誤解 …………… 195
  - 5.2. ポライトネス体系の相違……………………………… 196
  - 5.3. 日本とアメリカの会話スタイルの違い ……………… 198
- 6. 間接性とポライトネス ……………………………………… 200
  - 6.1. 間接性 …………………………………………………… 200
  - 6.2. ポライトネスという複合メタメッセージ …………… 202
- 7. 新しい展望 …………………………………………………… 204
- 8. おわりに ……………………………………………………… 207

### 第 10 章　異言語間のコミュニケーション
　　　　　──言語と認知の多様性と普遍性── ………………… 208
- 1. はじめに ……………………………………………………… 208
- 2. 言語の普遍的側面 …………………………………………… 209
- 3. 多様性 ………………………………………………………… 211
- 4. ことばの壁 …………………………………………………… 215
- 5. 言語に反映された民族文化的価値観 ……………………… 217
- 6. 会話スタイルとレトリックの違い ………………………… 221
- 7. 一般論とステレオタイプ …………………………………… 223

8. 聞き手の役割と「バカの壁」………………………………… 224
  9. おわりに ……………………………………………………… 225

参考文献 …………………………………………………………… 227
索　　引 …………………………………………………………… 243
初出掲載誌一覧 …………………………………………………… 255

# 第I部

## 名詞の形態と意味

第 1 章

# 類表示と個体指示

　英語を含む印欧語をはじめ，世界の多くの言語には，単数／複数の区別や名詞の可算／不可算の区別が文法範疇として存在している．しかし，日本語にはそれに対応するような文法上の数の概念がない．日本語を学ぶ外国人の多くが不思議に思うことの一つは，いったい日本人はどのようにして数に関する情報を理解し合っているのかということである．
　本章は，この疑問を出発点とし，主として発話における「はだか名詞句」(bare noun phrase) の指示機能について考察する．[1]「はだか名詞句」とは，冠詞，接辞などを伴わず，普通名詞（の原形）だけで成り立っている名詞句のことであり，日本語に特徴的なものと考えられがちであるが，他言語における抽象名詞，物質名詞もその一種である．また，数は少なく目立たないが，可算普通名詞が冠詞も複数形態素も伴わずに用いられる用法は，世界の他の言語にもみられる．以下の議論では，発話の中で「はだか名詞」がどう使われ，どんな役目を果たしているかについて考察し，そこに「数の概念」を超えた普遍的な役割，すなわち，個体を超越した「類

---

　1．ここでは，主に日本語を扱っている関係上，名詞，名詞表現，名詞句という用語を厳密な定義なしに用いている．

(class) 表示機能」の存在を認定する．

## 1. 日本語における数概念の欠如

　日本語には「はだか名詞」が圧倒的に多いが，その主な要因は冠詞の欠如，および文法上の数概念の欠如にあると考えられている．このうち，冠詞の欠如についてはかなり注目されており，その機能が部分的に助詞によって担われている事実が明らかにされている．一方，文法上の数概念の欠如に関しては研究がそれほど進んでいるとは言えないのが現状である．

　日本語における数概念といったとき，念頭に浮かぶのは，「たち」「ら」「方（がた）」といった複数接辞や，「山々」「人々」「国々」などの畳語，また，「枚」「冊」「足」「杯」「軒」「匹」といった数分類辞（numeral classifier, counter）の存在である．しかし，複数接辞や畳語はごく限られたものにしか適用されず，数分類辞は名詞の分類上の所属を示す機能をもっており，いずれも印欧語の数標示とは異質のものである．[2] 印欧語の数標示は，単に名詞の単複を表すだけでなく，（性（gender）の概念とともに）修飾語と被修飾語，主語と述語を結ぶ役割をも有するのに対し，日本語では，単数か複数かによって他に文法的影響が及ぶなどということはない．

　日本語に文法的カテゴリーとしての数がないことについては，これまであまり議論の対象となってこなかった．文法書の多くは，この点について全く触れていないか，あるいは「日本語の名詞は性・数によって変化する

---

　2.　複数接辞は，ときに「犬たち」「蝿ども」などのようにも用いるが，人間について用いられるのが主体であり，無生物に付くことはない．ただし，最近の若者（特に女性の）の間では，「お気に入りのグリーンたちに囲まれて」などと，無生物に「～たち」をつける用法が流行している．その場合，無生物に感情移入し，人間に準じた扱いをしているのであり，愛情の対象とならないものに「～たち」がつくことはない．

　また，橋本（1978: 6-7）が指摘するように「おじさんたちは，いつも4時頃やってきます」というときには，複数の「おじさん」を指すこともあるが，ふつうは，おじさんとその家族や友人のことを指す．第4章を参照．

ことはなく，複数を表示する手段は二，三あるが，その用法は限られている」と述べる程度にとどまっている．[3] 日本語に文法上の数（および性）がなぜないかを論じている文献はさらに数少ない．わずかに，野元 (1978: 14-19) に次のような指摘がみられる．

> (1) 日本語には，性や数に関しての文法的カテゴリーはありませんが，その代わり敬語という文法的カテゴリーがある，といっていいと思います．…場面を敬語的環境で捉えて，これを語彙的だけでなくシンタクス的に表現し分けるのですから，これを文法的カテゴリーと認めてもいいと思います．…結局どうも日本語の複数は，単数がただ雑然と集まっているだけのようで，その間に質の違い，といったようなものはないようです．その雑然としたものの中から一つだけ抜き出すのにはなにも特別な手続きはいらないのであって，個性を捨象した集合の中から一つの個を引き抜いてくる西欧語のようには，不定冠詞は必要でなかった，とされています．ここにも，日本語に文法的カテゴリー「すう」が出てこなかった理由の一つがありそうです．

敬語が文法的カテゴリーであるかどうかについてはここでは触れない．また，野元の指摘するもう一つの理由，すなわち日本語と印欧語における複数の「質の違い」については，論証が十分なされておらず，このままでは説得力に欠けると言わざるを得ない．以下の議論では，別の観点からこの理由説明を求めていく．

---

3. cf. C. J. Dunn and S. Yanada (1958), *Japanese: A Complete Course for Beginners*, p. 7, London: Hodder and Stoughton.

## 2. 英語のはだか名詞

次の (2) と (3) を比べてみよう.

(2) a. a stream of *cars*
　　b. the scent of *roses*

(3) a. 車の流れ
　　b. バラの香り

(2) の英語の表現では cars, roses という形で指示対象 (referent) の数が複数であることが明示されているが，(3) の日本語表現からは指示対象の数に関する情報が欠落している．このような事実が，日本語の表現力の乏しさを示すものであるかどうかについては，第 4 節以降の議論の中で明らかにしていくことにして，ここでは，まず数標示の欠如が日本語の専売特許ではないという事実に注目したい．

世界の言語をいろいろ調べてみると，日本語のように「はだか名詞」をもつ言語は数多く存在しており，英語も例外ではない．ただし，日本語でははだか名詞が圧倒的に多く，英語においては比較的数が少ないという違いがある．英語のはだか名詞というと，まず power, music, knowledge, rice, water, wine などの不可算名詞のグループが挙げられる．これらはいわゆる抽象名詞 (power, music, knowledge, etc.) と物質名詞 (rice, water, wine, etc.) とに大別できるが，全体として一つの文法的カテゴリーを成している．その根底にあるのは，数えられないこと，すなわち認識論上の個体性 (individuality) の欠如である．英語では，このタイプの名詞によって言及されるものは，個を認定して他から切り離して取り出したり，集合をつくったりできないために，不定冠詞や複数語尾をとらないとされている．[4]

---

　4. 不定冠詞が常に不可算名詞と相容れないわけではない．フランス語やバンツー語では独自の冠詞や類接頭辞 (class prefix) が付く．

英語の不可算名詞は文法的カテゴリーを成しているが，現実には，不可算名詞が可算名詞として扱われたり，可算名詞が不可算名詞と同じように「はだか名詞」として用いられたりといった多様性が広範に認められる．周知のように，school, church などは，通常は数えられる名詞の類に入るが，(4) にあるように，無冠詞でも用いられる．

(4) a. John went to *school*.
   （ジョンは学校へ行った．）
   b. They were at *church*.
   （彼らは教会へ行った．）

これらは，建物（学校，教会）そのものではなく，その中で行われる本来的行為，プロトタイプ的行為（教育，礼拝）を示す用法であると説明されている．このタイプのはだか名詞は，従来，例外的な用法という取り扱いを受けてきており，あまり注目されていない．両様に用いられる名詞のペアを数例挙げてみよう．次の (5) は Allan (1980: 565) の，(6) は Mufwene (1981: 227) の，(7) は Klein (1976: 415) の提示している例である．

(5) a. Hetty likes to gorge herself on *cake*.  [MASS]
   （ヘティは，ケーキを腹一杯食べるのが好きだ．）
   b. Whenever Hetty gobbles down on *a cake* her diet starts tomorrow.  [COUNT]
   （ヘティがケーキをがつがつ食べるたびに，ダイエットは明日から始めようということになる．）

(6) a. Nick Frenzy plays *guitar* with Noise.  [MASS]
   （ニック・フレンジーはギターをノイズ入りで演奏する．）
   b. Carol has just bought *a guitar*.  [COUNT]
   （キャロルはギターを買ったばかりだ．）

(7) a. He got *egg* on his necktie.  [MASS]
   （彼のネクタイに卵のシミがついている．）

　　　　b.　He ordered *an egg over easy*.　[COUNT]
　　　　　　（彼は両面を軽く焼いたフライドエッグを注文した。）

実際に，談話やテキストを眺めてみると，(5a), (6a), (7a) に類する例は存外に多いことが判明する。[5]

　　(8)　a.　I will be in *trouble*.
　　　　　　（私は窮地に陥ってしまう。）
　　　　b.　*Man* is mortal.
　　　　　　（人は死すべき運命にある。）
　　　　c.　I took *train* to Boston.
　　　　　　（私は列車でボストンまで行った。）
　　　　d.　They escaped from *prison*.
　　　　　　（彼らは脱獄した。）
　　　　e.　He took her to *court*.
　　　　　　（彼は彼女を裁判に訴えた。）

さらに，at *night*, by *train*, *husband* and *wife*, at *table*, *side* by *side* に類する，しばしば成句 (set phrase)・凍結表現 (frozen expression) と称される表現の中には，はだか名詞が数知れず現れる。これらは意味・語用論的には，上記の (5a), (6a), (7a), (8) にみられるものと同じ資格をもつと考えられる。それがどのようなものであるかについては次節以降で論じ

---

　5.　新聞等の事件見出しには，下記の例にみられるように，（イタリック体で示した）はだか名詞のほか，（下線を施した）ゼロ冠詞表現が多用される。ただし，ゼロ冠詞表現の場合には数標示のほうは失われることはない。
　　(i)　a.　*Car* lynched on 10th Street.
　　　　b.　*Japanese statesman* visit *campus*.
　　　　c.　*Biologist* discovers new antibiotics.
　　　　d.　Cheerleaders are annoying *resident*.
　　　　e.　University groups battle *energy waste*.

るとして，基本的には (9) のような名詞表現の第一要素と同じ性格をもっている．

(9) *bug* spray（殺虫スプレー），*party*-loving youngsters（パーティ好きの若者たち），*dish* washer（食器洗い機），*picture* album（写真のアルバム），*book* worm（本の虫），*car* maker（自動車製造業者）[6]

これらの事実は，可算／不可算の区別が英語における重要な文法上の概念であることを否定するものではない．ただ，名詞それ自体を，可算名詞と不可算名詞とに大別するやり方には問題が残ることを示している．実際，辞書の記述をみると，ほとんどの名詞のエントリーに可算／不可算の両用法が記載されている．この点に関して，Allan (1980) に次のような観察・主張がみられる．

(10) a. ほとんどの名詞は可算名詞であっても，不可算名詞としても用いられる．したがって，[＋／－count] が名詞の内在的性質であるとは考えられない．(p. 565)
b. 数えられるか否かは名詞自体のもつ性質ではなく，名詞句の性質である．すなわち，シンタグマの中での名詞に伴う性質であり，語彙項目エントリーとしての名詞と結びついているものではない．(p. 546)

本章では，辞書の記述上で可算性をもつと認定される語義においても，はだか名詞用法が存在するという事実に着目し，英語において，はだか名詞が可算／不可算の別を超えて存在する事実に対する理論的説明を試みる．

---

6. これらの例は Mufwene (1981: 232) からの借用である．

## 3. 他言語におけるはだか名詞

日本語・英語以外にも可算名詞のはだか名詞用法は存在している．例えばスペイン語では，次の (11a), (12a) のような叙述名詞 (predicate nominal) および (11b) のような所持表現の例が挙げられる (Klein (1976: 413, 420))．

(11) a. Juan es *medico*.
 Lit. *'John is doctor'
 = 'John is a doctor'
 (ジョンは医者だ．)
 b. Tengo *pasaporte* frances.
 Lit. *'I have French passport'
 = 'I have a French passport'
 (私はフランスの旅券を所持している．)

(12) a. Ese hombre parece *policia*.
 'That man seems to be a policeman'
 (あの男は警察官であると思われる．)
 b. Ese hombre parece *un policia*.
 'That man looks like a policeman'
 (あの男は警察官のようにみえる．)

はだか名詞 policia が用いられた (12a) と不定名詞句 un policia が用いられた (12b) の意味上の違いを，英語や日本語で訳し分けるのは難しい．この2文は，本章の主題に関わる最小の対の一例である．両者の違いについては，次節以降で考察していく．

次に，ギリシャ語には，次例 (13a) のようなはだか名詞用法が存在する (Pentheroudkis (1977), cited in Harlig (1986))．

(13) a. Phoraei *skoupho*.
 he-wears cap

'He is wearing a cap'
（彼は帽子をかぶっている．）
b. #Phoraei *skoupho* sto podi tou.[7]
　　　　　　　　　on-the foot his
'He is wearing a cap on his foot'
（彼は帽子を足にはめている．）

(13a) と (13b) の適格性の違いも，また，本章のテーマと直結したものであり，次節以降でその理由を説明する．
　さらに，ルーマニア語にも（職業を表す場合に限ってであるが）次のようなゼロ冠詞と不定冠詞の対立が認められる (Farkas (1982: 109))．

(14) a. Ion e medic.
　　　　　is doctor
　　'Ion is a doctor'
　　（イオンは医者だ．）
　　b. Ion e *un medic*.
　　　　　　 a
　　'Ion is [nothing less than] a doctor'
　　（イオンは医者にほかならない．）

印欧語以外にも同種の現象がみられる．例えば，ハンガリー語には次のような表現がある (Farkas (1982), Harlig (1986))．

(15) a. A　fiam *orvos*.
　　　　the son-my doctor
　　'My son is a doctor'
　　（私の息子は医者だ．）

---

7. #記号は語用論的に不適格な表現であることを示す．

b. A fiam egy orvos.
   　　　　a
   'My son is [nothing less than] a doctor'
   （私の息子は医者にほかならない．）

(16) a. A fiam *szemetes*.
   　　　　　garbageman
   'My son is a garbageman'
   （私の息子はゴミ収集人だ．）

b. A fiam egy *szemetes*.
   'My son is a [lowly] garbagemen'
   （私の息子はゴミ収集人にすぎない．）

さらに，「不定冠詞」bir を有するトルコ語にも，はだか名詞表現は存在する (Nilsson (1985: 122, 128))．

(17) a. *Ögretmen* olarak calisacagim.
   　　　teacher    as    I-will-work
   'I will work as a teacher'
   （私は教師として働いている．）

b. O    büyük evin rakasinda *bahçe*
   that big   house-GEN back-3sg-poss-LOC garden
   var.
   existent
   'Beyond that big house there is a garden'
   （あの大きい家の向こうに庭がある．）

ここで観察した言語の数は決して多いわけではなく，世界のすべての言語の代表であるわけでもない．しかし，系統を異にする言語に，少なくともこれだけの同じような現象がみられるということは，言語学上の普遍性という観点から考えて注目に値する事実である．

上で紹介した例のうち，ペアになったものは，ゼロ冠詞と不定冠詞（これらの言語では数詞の「一」と同形 (homomorphous) である）との対立という図式に当てはめることができる．Harlig (1986) はこの点に焦点を当て，英語の a(n) 対 one の対立とも共通する語用論的区別の存在を認定している．すなわち，これらの構文で観察される，不定限定詞の二つのタイプである a(n), Ø と one の形態論・統語論的対立は，無標 (unmarked) 対有標 (marked) の対立を示すものである．[8] つまり，非数詞限定表現 (a(n), Ø) が語用論的に無標である一方，数詞による限定は有標であり，さまざまなタイプの情意 (affective meaning) や含意 (implicature) を含み，話し手・聞き手の信念に訴えかける効果がある．

　Harlig は英語におけるゼロ冠詞表現には言及しておらず，また，扱っている対象が，ある種の他動詞の目的語と叙述名詞に限られているため，その主張はここで問題にしているはだか名詞表現全体に当てはまるわけではない．次節以降では，日本語，英語を含め，これまで扱ってきたすべての言語のはだか名詞表現に共通する本質的機能・普遍的性質を究明していく．

## 4. 具体的指示と一般的指示

　はだか名詞の普遍的性質の探求は，日本語の名詞表現一般の意味的・語用論的性質の解明につながるものである．次の例を参照されたい．

　　(18)　私はりんごを食べた．

この単純な日本文を文字どおりに英語に翻訳しようとしても簡単にはいかない．何が難しいかといえば，「りんご」を単数形にするのか複数形にす

---

　8.　ここでいう無標とは，対立する言語単位のうち，単純で一般的な特徴をもつほうという意味で，有標とは複雑で一般的でない特徴をもつほうという意味である．

るのか，定冠詞をつけるべきか，不定冠詞をつけるべきかといった，英語において基本的なことが決まらない．場面や文脈情報がなくては決定不可能なのである．それでは，(18) の文は曖昧かといえば，決してそうではない．日本文としては適格で，充足した表現である．本章のテーマに関連する問題の鍵がここに隠されている．語用論の観点からは，(18) は「食べた果物の種類」を述べた文であると解釈することができ，その際に，食べたりんごの数が単数だったか複数だったかは発話の意図とは何ら関連がないのである．日本語はこの点で Grice (1967) の関連性の格律 (Maxim of Relation) に従っていることが分かる．もちろん，具体的なコンテクストが与えられれば——例えば，テーブルの上にいろいろな果物が一つずつ並べられていて，話者がそのうちの一つを食べ，それが「りんご」だったというのであれば——(18) は，(19) のような英語の定名詞句にも対応させることが可能である．

(19) I ate *the apple*.

また，各種の果物が複数あったときには (20) の意味にもなる．

(20) I ate *an apple*.

さらに，小さく切って皿に並べられた「りんご」の一切れあるいは数切れを食べたというような状況を描写するのにも (18) が用いられる．その場合，対応する英文は (21) のようなものになる．

(21) I ate *a piece/pieces of an apple*.

以上の観察から，日本語のはだか名詞は，特定の個に言及しているというよりも，そのことばによって指し示されるカテゴリーに言及していることが判明する．実際の指示対象の数がいくつであったかは，発話場面や文化・社会通念によって語用論的に決定されるのである．したがって，(18) の「りんご」という表現は，「りんご」という類 (class) 一般を指しているのであって，それ自体としては具体的指示対象をもたない．そこで，(19)-

(21) のどれをとってみても，意味論的・語用論的に (18) に完璧に対応する翻訳ではないことになる．当然，英語ではこのような場合に「はだか名詞表現」を用いることはできない．(22) は非文である．

  (22) *I ate *apple*.

ここであえて日本文に近い表現を探すとなると，唯一，第 2 節で触れた複合名詞表現が浮上する．

  (23) ?I did *apple*-eating.

次に，(24) のペアをみると，英語のほうに不可算名詞が用いられ，はだか名詞表現であるため，日本文と英文の表現がぴったり一致している．

  (24) a. トムは音楽を聴いた．
     b. Tom listened to music.

(24a), (24b) はいずれも具体的指示対象ではなく，一般的に音楽というものに言及していると解釈される．[9]

 以上の考察から，次のような仮説を立てることができる．

  (25) はだか名詞の意味論的特徴として挙げられるのは，類表示機能 (class-designating function) と個体認定の欠如性 (non-individuation) である．

ここでいう類表示機能とは，個を超越した抽象的な「類」を表示する機能である．特定の時，特定の場所で特定の個体が存在する場面での発話であっても，はだか名詞自体には抽象的，観念的な類表示機能しか存在しない．仮説 (25) は，日本語だけに当てはまるのではなく，普遍性を有す

---

 9. 実際に聴いた曲を特定することは可能であっても，このタイプの文の意味にはそのレベルの情報は含まれていない．

る．これに立脚すると，なぜ日本語は文法上の単数・複数の標示がないかという疑問に対して次のような解答が得られることになる．

 (26) 日本語の名詞は，通常，はだか名詞形で用いられ，第一義的に，類表示辞 (class-designator) として機能する．それ自体に具体的な個体あるいは集合体の指示機能がないため，「数」とは直接的関連性をもたない．

ここで，もう一度 (2), (3) の例をみてみよう．

 (2) a. a stream of *cars*
   b. the scent of *roses*
 (3) a. 車の流れ
   b. バラの香り

一見すると，英語も日本語も観念的に「車」「バラ」に言及しているように思われるが，英語は複数接辞によって，個体の存在が前提となっているのに対し，日本語は「車というもの」「バラというもの」という意味で「類」を表示している．

 英語では，一般に，個体を認定してそれに具体的に言及するときは，数の単複の別を明示し，その上さらに指示対象の定・不定も標示する．日本語で特定の指示対象に言及する際には，指示代名詞 (demonstrative pronoun) や助詞の選択[10]という手段をとるが，数については特に必要なとき以外標示しない．名詞に数標示が付いていなくても，動詞や副詞の意味によって数が決まる場合も多いが，ほとんどの場合，文脈や場面の情報によって語用論的に数の扱いが決まってくる．

---

10. 代表的なものは，助詞「も」であり，例えば，次の例にみられるように，複数の存在を明示する機能を有している．
  (i) 私は行く．(I will go.)
  (ii) 私も行く．(I will go, too.)

(27) a. Quick, bring me some stones!
　　　b. 大急ぎで石ころを取っておいで．

(27)のような場合，聞き手は自分が取ってくるよう要請されている「石ころ」の数については常識で判断せざるを得ない．英語のほうは，形態上，少なくとも複数であるということまでは情報が与えられているが，日本語では単数か複数かも分からない．詳しく知りたいとき「いくつ？」と聞き返すことはもちろん可能である．

　単複の区別をもつ言語から日本語への翻訳では，多くの場合，数に関する情報が抜け落ちてしまう．しかし，名詞以外の他の要因によって伝わるケースも多い．例えば，次の例をみてみよう．

(28) a. When the feathers fly out ...
　　　b. 羽が散らかるとき
(29) a. palms, ears
　　　b. 手のひら，耳
(30) a. <u>ここの池</u>には亀がいる．
　　　b. <u>大きなリンゴの木</u>があって鈴なりに実がなっています．

(28b)は，動詞「散らかる」の内在的意味によって多量の羽の存在が想定される．これは同一文中の他の要素が数に関する情報を提供している例である．(29b)は名詞自体の語義から，文脈から独立した無標の解釈では二つずつであることが了解される例である．(30a)の「ここの池」と(30b)の「大きなリンゴの木」[11]は，名詞前修飾要素が付いているため，ここでの定義によるとはだか名詞ではないが，数の標示はない．このような場合，無標の解釈は単数である．[12] (30)の「はだか名詞」については言語外

---

11. 「リンゴの木」は，ここでは，まるごと複合名詞として扱う．内部構造についての議論は第10節を参照．
12. 「この」は指示代名詞の属格形あるいは指示形容詞と呼ばれる．複数形「これら

の情報，すなわち世界に関する知識（encyclopedic knowledge）によって数が決まる．例えば，(30a)の亀の数は一匹のこともあり得るが，複数の亀がイメージされることのほうが多い．また，このタイプの文は，「ここの池は亀の棲む池である」という意味で，池の「特徴づけ」を述べたものという解釈ができ，その場合は，何匹の亀が棲息しているかは文意に直接的な関連性を持たない．(30b)のリンゴの実の数は「鈴なりに」という副詞によって，量が多いことが明白である．

　名詞だけに注目して逐語訳をしていたのでは，このような情報は伝わらない．また，ここで詳しく論じる余裕はないが，日本語では，助詞の使い分けによっても，指示対象を特定したり，数を標示したりという機能が担われるのであり，場合によっては，英語のほうが話者の意味するところと直接関係ないところまで区別しなければならないという点で，無駄があるとも考えられる．さらに，単複の区別は，数学的にはあまり意味がないため，純粋な思考にとってかえってマイナスとも考えられる．

　ここで，英語と日本語ではどちらのほうがより論理的であるかということが問題になるかも知れない．「私はリンゴを食べた」という表現は英文法の論理からすればあいまいである．食べた果物の「種類」を答えるような場合には，「数」は関連性をもたず，表示する必要性がないので，この文は語用論的にはまさしく適格な文なのである．一方，皿に山盛りになった八つ切りのリンゴを何切れか食べた場合，I ate some pieces of an apple. という英文は正確でないことがあり得る．例えば，八つ切りのリンゴを9片以上食べている（リンゴの数が一つではない）場合があるからである．このような観点からは，英語の数概念は表現上の足かせとなる可能性がある．

---

の」が存在することから，「この」は単数を指示すると考えられているが，厳密には正しくない．「この人たち」のように複数名詞とも一緒に使われるからである．また，一般に，名詞前に修飾語が付けば単数と解釈されるという現象について，文法化されているのか，語用論的なものなのか，現時点では踏み込んだ検証を行っていない．

以上の説明は，英語およびその他の言語におけるはだか名詞表現にも当てはまる．これらの言語におけるはだか名詞も，具体的指示対象をもたず，類表示機能のみを有している．裏を返せば，冠詞や数標示は，前節までにみてきたように，指示対象の個体としての存在や語用論上の前景性を強調する働きを担っているのである．

　はだか名詞と完全名詞句 (full noun phrase) は自由交替できない．英語の場合，例えば，take train とは言えても *take apple とは言えない．そこに関わっている決定的な要因は，それぞれの「動詞＋はだか名詞」が現実世界において「概念化された意味づけ」をもっているかどうかである．すなわち，列車で旅行するのは，旅行の一形態として社会的，慣習的に確立した行為であるのに対し，リンゴを取るというのは，英語の社会の中で特別な意味づけをもった慣習的行為ではない．そのため，train は類表示辞として take の目的語の位置に現れ得るが，apple にはそのような用法がない．したがって，take train という連語に生じる train は，当然のことながら，具体的な列車を指示せず，「列車」という「類」を表示する機能のみを有する．

## 5. 抽象と具体の両面性

　日本語には抽象名詞が少なく，抽象的な概念を表すときは，主として漢語を用いた熟語に頼らざるを得ないとしばしば言われる．しかしながら，本章でみてきたように，具体名詞を類表示辞として用いることは，まさしく具体名詞の抽象名詞化であり，日本語の特徴の一つと考えることができる．英語の一部には，poem/poetry, machine/machinery, medicine/medication のような具体名詞と抽象名詞のペアが存在しているが，日本語では常に同じ形が両様に用いられる．ある意味で，具体的なものの中に一般的なものを見るという思考法が広く行われているということもできる．そこに，一事は万事に通ずるという考え方もうかがえる．次の例を比べてみよう．

(31) a. I don't like dogs.
　　　b. 犬は嫌いだ．
(32) a. I don't like that dog.
　　　b. あの犬は嫌いだ．

(31) の 2 文は，どちらも「犬というもの」に一般的に言及しているが，英文では可算名詞（の複数形），日本文では「はだか名詞」が現れるという相違点がある．日本語では，(32b) のように，具体的指示対象に言及するときはそれなりの標示，この場合は指示代名詞，が付く．(31b) の「はだか名詞」はあくまでも「犬という類」を抽象的に表示する機能をもち，自分の嫌悪感を一般論的な形で表明している文である．このことは，発話時に，目の前に実際に犬がいてそれを目にしながら発話している場合でも変わらない．その場合は，目の前の犬に対する嫌悪感が間接的に表明されているということになる．

　次の例は，新聞の記事やコラムからの引用である．[13]

(33) a. 外国の人はお断り．
　　　b. 会計士も粉飾を知っていた．
　　　c. 詩やエッセーで立て続けに賞をとった荒川はいま ...
　　　d. あのころは本屋ばかり．
　　　e. だれかが困りごとの相談をすると，客が寄ってたかって「どうした？」
　　　f. 地域住民にきちんと説明する努力をしてほしい．

(33a) は，(31b) と同じく，類表示機能のみをもつ．このような表現は，目の前に外国人がいて，その人に向かって言う場合でも，「個体指示機能」をもたないため，個人的な拒絶ではないというメッセージを伝えるという

---

13. 『朝日新聞』(夕刊) 2005 年 9 月 13 日より引用．

語用論的緩衝効果がある．その他の下線部のはだか名詞は，類表示と個体指示の二つの機能を兼ね備えている．(33b) は「会計士4人逮捕」という見出しの記事中の一文であり，具体的指示対象が存在している．数は (33b) の文だけからは分からないが，見出しに明示されているため文脈から復元可能である．同時に，(33b) のはだか名詞は類表示機能も兼ね備えており，「こともあろうに，公認会計士が」という唖然とした情意を伝えている．(33c)–(33e) はいずれも文中の他の要素（「立て続けに」「ばかり」「寄ってたかって」）から，複数の個体の存在が了解される．しかし，はだか名詞はあくまでも「類表示辞」としての機能を保持している．すなわち，(33c) の文中で「詩」「エッセー」は当該人物の仕事内容，「賞」はその知名度を表示し，(33d) の「本屋」は職業を，(33e) の「客」は立場を表示している．(33f) は，一般論を述べた文の体裁をとっており，はだか名詞は客観的に「地域住民」という類を表示しているが，話し手の念頭に具体的な地域住民集合があることは語用論的に推察できる．これらの例における類表示と個体指示という二本立ての意味的特徴は，常に両方ともオンなのではなく，意図と解釈の両面でゆらぎを許容する．

　抽象的思考の強いサンスクリット語では，利，害，得，失，生，死，苦，楽といった抽象名詞があたかも実体的なものであるかのように普通のことばとして使われるため，しばしば，日本語に抽象名詞が少ないという議論の引き合いに出される．本章での考察に基づいて考えると，むしろこの逆のことが言えるのではないか．すなわち，日本語では，机，花，猫などの具体名詞があたかも抽象的なものであるかのように，普通の会話の中で具体と一般が未分化の状態で用いられる．それは，大野 (1978) が指摘している「物を純粋に客観的にみて，自分自身と切り離して対象化して扱うのではなく，どこかで自分自身の情意や感覚と対象を融合させ，重ね合わせ，未分化のままで言語化していく」という，日本語表現の特色に通じるものであろう．単複の区別の不在は，日本人のメンタリティーに数概念が欠けているとか，個と一般の区別が分からないことを示すのではなく，多くの場合，両者の形式的な区別の必要性を意識しないということを示している．

## 6. 数標示機能

これまでの考察から，日本語における数概念の欠落の問題については，次のように総括できる．

(34) i. 日本語の名詞は「はだか名詞形」で現れることが多く，その本来的機能はカテゴリーの表示である．
ii. はだか名詞にはそもそも個体指示機能がないため「数」とは関連性がない．
iii. 指示対象を個体認定して，数を具体的に明示したい場合には，限定要素，数詞，複数接辞などの標示が用いられる．

このような日本語のシステムとは大きく異なり，印欧語の場合は，話者の意図や話の本筋にはおかまいなしに，数について具体的に述べざるを得ない構造になっている．単複の区別が数学的思考にとってほとんど意味をもたないことと考え合わせると，文法上の数はそれほど合理的なものと言えないようである．その点，日本語では対象物の具体的数が文意に関連があるときにのみ明示的に表記するというシステムをとっており，Grice の「量の格律」「関連性の格律」にも合致した，ある意味で独特の合理的数表記法であると言える．

## 7. 類表示機能と非指示性

残された問題の一つに，はだか名詞と非指示的名詞句 (non-referential noun phrase) との関係がある．次の例をみてみよう．

(35) a. He is *a gentleman*, which/*who his brother is not.
b. What everyone needs is *a devoted wife*, which/*who you don't have.

(Kuno (1970: 348–349))

(35) のイタリック体の名詞句は人間を表示しているにもかかわらず，後続する非制限的関係代名詞は who ではなく which である．その理由は，これらの名詞句が特定の人に言及していないからである．すなわち，(35a) の a gentleman は，叙述名詞句として，主語名詞句の属性を述べる機能をもち，単に「(一人の)紳士」という概念を表している．(35b) の a devoted wife は，非現実 (irrealis) 文脈中に現れており，頭の中に思い描いた「(一人の)献身的な妻」という，いわば架空の存在を表示している．指示対象がないという点では「はだか名詞」と似ているが，非指示的名詞句には冠詞が付随しており，個体認定性があるため，両者の機能は明確に異なる．はだか名詞が表示するのは「類」であるが，非指示的名詞句が表示するのは，類ではなく，頭の中に思い描いた「概念」としての存在である．

　英語では，はだか名詞と非指示的名詞句が形態上区別可能であるが，日本語には冠詞がないため，すべて「はだか名詞表現」になる．(36) に対応する日本文をみてみよう．

(36) a. 彼は紳士だが，弟はそうではない．
　　　b. 誰にとっても必要なのは献身的な妻だが，君にはいない．

(36a) では「紳士」という「類」が，(36b) では「献身的な妻」という「類」が表示されている．これらは，いずれも言語外の世界に特定の指示対象をもたず，非指示的である．

　このように，英語と日本語では，文法システムの違いから，名詞表現の形態や意味に微妙なずれが不可避的に生ずる．英語と日本語に共通した「はだか名詞構造」はないかと探してみると，(9) に挙げた，内心 (endocentric) 複合名詞の第一要素が浮上する．追加例 (37) のイタリック体の名詞をみると，どちらの言語においても，「はだか名詞」であり類表示機能のみをもっている．

(37) a. *apple* tree　リンゴの木

  b. *door* knob <u>ドアの取っ手</u>
  c. *stone* wall <u>石壁</u>

これらは，それぞれ主要語である第二要素を指示修飾（reference modification）し，下位分類に与る形容詞的役目をもっており，元来，非指示的である．ただし，非指示的な名詞がすべて「はだか名詞」かというとそうではない．これまでの考察から明らかなように，英語の場合，「はだか名詞」ではない非指示的名詞句が存在し，日本語では，文脈上から指示的な解釈を受ける「はだか名詞」も存在しているからである．

## 8.　おわりに

　以上，はだか名詞の類表示辞としての機能について，主に日本語と英語を中心に考察してきた．結論として，はだか名詞は本質的に類表示辞であり，指示対象の個体数は本来的にはだか名詞表現の意味表示と関連性をもたないということになる．

第 2 章

# はだか名詞の意味語用論

　名詞は，文法的・意味的性質を基にして，さまざまに下位分類される．英語の場合，例えば，人や事物を指す「普通一般名詞」(例: girl, chair, film, leg)，物質を指す「物質名詞」(例: butter, concrete, blood)，抽象的な概念を指す「抽象名詞」(例: information, idea, poetry)，人名・地名を指す「固有名詞」(例: John, Paris, France) などの区別がみられる．このような分類の最も基本的な基準と考えられているのは，「可算／不可算 (countable/uncountable)」，および「具体／抽象 (concrete/abstract)」という二つの分類基準である．

　英語の可算名詞は，通常，冠詞と複数接辞のどちらかあるいは両方を伴って現れる (例: a book, the book, books, the books)．しかし，状況によっては，冠詞も複数接辞も付かず「はだか名詞」として単独で用いられる場合がある．[1] 次の例をみてみよう．

(1) a. *Car* is the best mode of transport.
　　　 (車は最適な輸送方法である．)

---

1. はだか名詞には，後にみるように，まれに，単独ではなく形容詞付きのものも存在する．

b. All our six children are in *bed* at the moment.
　　(うちの6人子どもたちは今みんな寝ている.)

(1) の2文は，典型的な可算具体名詞である car や bed が「はだか名詞」として用いられている例である．本章では，特にこのタイプの「はだか名詞」の用法に着目し，その意味論的特徴と談話機能の考察を行っていく．

　形態上，冠詞も複数接辞も付かないということのみで考えると，英語のはだか名詞には4種類あることになる．すなわち，「固有名詞」(例: Bill, London)，「不可算具体名詞」(例: water, furniture)，「抽象名詞」(例: music, tennis) と「可算名詞のはだか名詞用法」である．このうち，最初の3タイプは語彙上の集合 (lexical set) であり，はだか名詞形で用いられるのがふつうであり，本章の考察の直接的対象とはならない．焦点が当たるのは，有標用法の集まりとしての機能集合 (functional set) を成している「可算名詞のはだか名詞用法」のみである．以下では，はだか名詞形で現れる可算名詞の文法上，談話上の属性を考察し，次例にみられるような交替が二つの別々の名詞の存在に起因するものではなく，一つの名詞の異なる二つの用法であることを論証していく．

(2) a. The house is built of *brick*.
　　(その家はレンガ造りだ.)
　 b. He used *bricks* to build the house.
　　(彼は家を造るのにレンガを用いた.)

具体的に言えば，レンガはレンガであり，(2a) と (2b) で用いられている名詞 brick は同一の単語である．ただし，(2a) の brick は「建築材料としてのレンガの抽象的性質」を，(2b) の bricks は具体的事物として「個体認定有り (individuated) のレンガの集合」を指して用いられているのである．

## 1. 二重身分性と再分類化

はだか名詞現象は，これまで英語の文法研究の対象となったことはほとんどなく，見過ごされがちであった．Quirk et al. (1985) と Huddleston and Pullum (2002) は，この事実に言及している数少ない文法書であり，Quirk et al. (1985: 247) では次のような説明が与えられている．

> (3) 可算性を基準にして，名詞を可算名詞と不可算名詞に区別するのは，英語における基本的分類であるが，この言語は，ものによっては可算・不可算の両方の角度から眺めることを許容する．(Although the division of nouns according to countability into countable and uncountable nouns is basic in English, the language makes it possible to look upon some objects from the point of view of both countable and uncountable.)

具体例として，次のような会話をみてみよう．

> (4) A: Would you like *a cake*?
> 　　　（ケーキはいかがですか？）
> 　　B: No, I don't like *cake*.
> 　　　（結構です．ケーキは好きではありません．）

ここで注目されるのは，同じ cake という名詞が，(4A) では可算名詞，(4B) では不可算名詞として用いられていることである．この事実に基づき，Quirk et al. (1985) はこのタイプの名詞を「二重身分性」(dual class membership) をもつものとして，次のような多くの類例の対を挙げている．

> (5) a. She was *a beauty* in her youth.
> 　　　（彼女は若いとき美人だった．）

b. She had great *beauty* in her youth.
（彼女は若いときたいそう美しかった．）

(6) a. She's had many *difficulties*.
（彼女は多くの困難に見舞われた．）

b. She's not had much *difficulty*.
（彼女はあまり苦労しなかった．）

(7) a. She will give *a talk* on Chinese art.
（彼女は中国美術について講演を行う．）

b. That's foolish *talk*.
（そいつはばかな話だ．）

次に (8) の会話を考察してみよう．

(8) A: What kind of *cheeses* have you got today?
（今日はどんなチーズがありますか？）

B: Well, we have Cheddar, Gorgonzoka, and Danish Blue.
（えーと，チェダー，ゴルゴンゾーラ，デーニッシュ・ブルーです．）

典型的な不可算名詞と考えられている cheese が，(8A) では可算名詞として用いられている．この事実に関して，Quirk et al. (1985: 248) は，「再分類化」(reclassification) というもう一つの考え方を提唱している．つまり，名詞は，一つの種類から別の種類へと類の転換 (conversion) をすることがある．ここでは，cheese という不可算名詞が，種類，タイプ，形態といった質的区分を表示するよう意味変化し，結果的に可算名詞に「再分類」されていると考えるのである．さらに，coffee も通常は不可算名詞であるが，可算名詞に再分類され，単位や種，類，ブランドなどを意味することがあるとして，次のような例が挙げられている．

(9) a. Do you want tea or *coffee*?
（紅茶とコーヒーのどちらがよろしいでしょうか？）

  b. Can I have *a coffee*, please? ['a cup of coffee']
   (コーヒーを(一杯)お願いします.)
  c. *Two coffees*, please. ['two cups of coffee']
   (コーヒーを二つ(二杯)お願いします.)
  d. This is *a nice coffee*.
   (これはおいしいコーヒーだ.)
  e. I like *Brazilian coffees* best.
   (私はブラジル・コーヒーが一番好きだ.)

 Quirk et al. (1985) の「二重身分性」と「再分類化」の概念は魅力的であり，部分的には，例えば，(4)-(9) の例については，有用な説明であると考えられるが，それだけでは説明のつかない「はだか名詞用法」も数多く存在する．上でみてきたように，car や brick のような名詞がはだか名詞として用いられるという事実から，英語のほとんどの普通名詞が二重身分性をもっているということになりかねない．そうなると，可算／不可算の区分自体の意義が失われる．

 以下で詳述するように，可算名詞の「はだか名詞用法」は統語上のさまざまな位置に生じ得るものであり，生産性がかなり高い．また，「はだか名詞」が再分類化によって生ずるのであれば，(2)-(9) の文中のイタリック体の名詞の所属は，常にころころと変わっていることになる．それではメンタルレキシコン（頭の中の辞書）は複雑なものになり，人間の認知プロセスにとって過重な負担が生じてしまうことになる．

## 2. 形態と文法上の地位

### 2.1. 形　態
 はだか名詞は，冠詞も数標示形態素も付かないという形態上の特徴をもっており，他の名詞とは容易に弁別可能である．冠詞が付かないということは，the/a によって標示される同定可能性 (identifiability) の有無が

はだか名詞には適用されないことを意味する．同様に，はだか名詞の用いられる場面では，単数／複数の区別が無用である．このようなはだか名詞の形態上の特徴は，第3節でみるように，意味機能と直接的なつながりをもっている．

## 2.2. 文法上の地位

　Quirk et al. (1985) の提唱する二重身分性と再分類化に対する強力な反証は，英語文における「はだか名詞」の遍在 (omnipresence) である．本節では，はだか名詞の生ずる主要な環境を文法上の機能ごとに概観する．一般に，はだか名詞は文法上の核となる項 (argument) の位置にも，斜格の位置 (oblique position) にも生じる．つまり，文の主語，直接目的語，前置詞の目的語，名詞前修飾語 (noun-phrase premodifier) などとして用いられ，また種々の述語表現の中にもみられる．次に挙げる例文は，Huddleston and Pullum (2002) から引用したものである．

(10) a. Henry became *treasurer*.
　　　　（彼は会計係になった．）
　　 b. Ed went to *school*.
　　　　（エドは学校に行った．）
　　 c. We had *lunch* on the terrace.
　　　　（私たちはテラスで昼食を食べた．）
　　 d. We are monitoring the situation *day* by *day*.
　　　　（私たちは日ごとに状況をモニターしている．）
　　 e. *Gifted exponent of the classical guitar*, though he is, his excursions into jazz have on the whole been considerably less convincing.
　　　　（優れた才能あるクラシック・ギターの演奏家ではあるが，彼のジャズへの進出は，全般的にそれほど成功したとは言えない．）

それぞれのタイプについて，代表的な例をいくつかみてみよう．まず，主語に「はだか名詞」が用いられている例には，(1a) のほか，次のようなものが挙げられる．

(11) a. *Spider* is shrike's favorite food.
(蜘蛛はモズの好物だ．)
b. *Letter* was one means of communication he had.
(書簡は彼が使える通信手段の一つだった．)
c. *Man* is mortal.[2]
(人間は死ぬものだ．)

次は，はだか名詞が直接目的語の位置に現れているタイプである．

(12) a. I like to have *breakfast* in an English hotel.
(英国のホテルで朝食をとるのが好きだ．)
b. Here men from the planet earth first set *foot* upon the moon.
(今まさに地球の人間が月面上に初めて足を踏み入れる．)

はだか名詞が前置詞の目的語として用いられる例は英語表現に遍在しており，go to school/church（通学する／教会に行く），travel by train/land/night（電車で／陸路を／夜行で行く），before sunrise（夜明け前），out of place（場違い）などがすぐに思い浮かぶ．

(13) a. The president is in *town*.
(大統領が町にやってきた．)
b. He escaped from *prison*.
(彼は脱獄した．)

---

2. これらは，いずれも主語の属性を述べるタイプの文である．

c. Skill comes with *practice*.
（技能は練習によって培われる．）
d. Enrich one's mind through *study*.
（勉強によって精神を豊かにする．）

次の文は，はだか名詞が叙述名詞として用いられている例である．

(14) a. The captain's word is *law*.
（キャプテンの言うことは絶対だ．）
b. Are you *103*? ['the occupant of room 103, as opposed to 104, etc.']
（あなたは 103 [号室の方] ですか．）[104 号室などではなくて]
c. Are you *church* or *chapel*? ['a member of the Church of England or a nonconformist']
（あなたは英国教会[派]ですか，それともプロテスタントですか．）

次の (15a) では，はだか名詞が名詞対 (matched nouns) の形式で用いられており，(15b) では呼格として用いられている．

(15) a. I pronounce you *man and wife*.
（あなた方を夫婦であると宣言する．）
b. Excuse me, *officer*, but could you show me the way to the station?
（すみません，お巡りさん，駅へ行く道を教えてください．）

間違いなく，ここでの man and wife や officer という表現のもつ機能は，聞き手に言及することではなく，社会的立場を表示 (index) したり，聞き手の注意を引くことである．はだか名詞には，さらに，次例にみるように，名詞前修飾語としての用法もある．

(16) *apple* tree, *iron* factory, *school* life, etc.
　　　（りんごの木，製鉄工場，学校生活）

## 3. 属性抽出表示

　前節では，英語におけるはだか名詞の遍在性を指摘し，生じ得る統語環境の多様性についても確認した．以下では，はだか名詞の意味的特徴と談話機能を中心に考察していく．そして，「冠詞と数標示の欠如は，「はだか名詞」が談話の中に特定の指示対象を導入しないことを意味している」ことを明らかにする．言い換えれば，はだか名詞は談話の宇宙の中に存在する具体的事物に言及することはないのである．

　はだか名詞の一般的な機能は何かというと，それは属性抽出表示 (quality abstract representation) 機能である．はだか名詞を用いるときは，特定の個体（不連続の存在物）を指示対象として導入しようとする意図がなく，抽象的な意味概念のみが表示される．話題の中心を成すことはなく，その後の文脈中で引き続いて言及されることも予想していない，あくまでも背景的存在である．

### 3.1. 非指示性

　冠詞も数標示形態素も伴わない，英語のはだか名詞は，指示能力 (referential capacity) を欠いているため，具体的なものを指示対象として指し示す場合には用いられず，名詞によって定義される属性を表示するためにのみ用いられる．次は，Allan (1986: 123) から引用した談話の例である．

(17) A: What kind of wood should we use for the paneling?
　　　　（鏡板材にどんな木材を使ったらよいのでしょう．）
　　　B: *Oak* would be good.
　　　　（樫がいいでしょう．）

B′:  *An oak* would be good.[3]
　　　(樫だったらいいのがあります.)

(17B) は，特定の樫にも不特定の樫にも言及していない．また，「樫というもの」という意味で総称的 (generic) 言及を行っているわけでもない．樫がもっている属性を抽象的な概念として抽出して表示しているのである．一方，(17B′) は樫の一種を指示している．

Du Bois (1980: 210) が指摘しているように，はだか名詞によって非指示的に表現されたものは，聞き手の頭の中にメンタルファイルの作成を指示せず，その後の談話で照応の対象となることもない．したがって，「はだか名詞」を含む (17B) はメンタルファイルの作成を指示しないが，指示的名詞句を含んだ (17B′) は「樫」のメンタルファイルを作成するよう指示する．(17B′) の答えを得た (17A) の話者は，推薦する「樫」の種類に関する具体的情報を相手が引き続き提供してくれるものと予想し，それを記入するための準備としてメンタルファイルを作成する．

次の例をみてみよう．

(18)　They went out *pear*-picking yesterday.  But the pears were green and didn't sell.
　　　(彼らは昨日梨を収穫した．でも，まだ青かったので売れなかった．)

(18) で，はだか名詞を含む最初の文は具体的な梨に言及していないが，梨が入るスロットを含むフレーム (準拠枠) を作成するきっかけは与えている．そのために，二番目の文で，フレームによって喚起された梨への，定名詞を用いた言及が可能となっている．

---

3. Allan (1986) は Quirk et al. (1985) と同様，B の *oak* と C の *oak* は語彙的に類似しているが別項目と考え，前者は不可算名詞，後者は可算名詞であるとしている．

Halliday and Hasan (1976: 62) の指摘によれば,「前方照応項目 (anaphoric reference item) は,先行項目の『意味』に照応するのであって,『形態』に照応するのではない」(the general nature of anaphoric reference items, that they refer to the meanings, and not to the forms that have gone before) という一般的な性質がある.これを敷衍して,「意味」を「意味概念」(semantic concept),「形態」を「指示特性」(referentiality) とすると,(18) の言語現象が説明可能となる.

## 3.2. 融 合

はだか名詞が動詞や前置詞の目的語として生じているケースを詳しくみてみると,動詞や前置詞と目的語との間に,ある種の「融合」(conflation) が起こっていることが分かる.上記の例文 (12) を,視点を変えてもう一度みてみよう.

(12) a. I like to have *breakfast* in an English hotel.
(英国のホテルで朝食をとるのが好きだ.)
b. Here men from the planet earth first set *foot* upon the moon.
(今まさに地球の人間が月面上に初めて足を踏み入れようとしている.)

(12a) では,「朝食をとる」という,文化的に意味づけされた行為が一つのまとまった述語概念として扱われており,はだか名詞 breakfast は特定の朝食を指示していない.この文は話者の特徴的嗜好を述べたものであり,breakfast が表示しているのは,属性を抽出したところの抽象的な「朝食」である.同様に,(12b) も動詞と目的語の融合の例であり,はだか名詞 foot は動詞 set と融合しており,具体的な存在としての「足」には言及していない.ここでは「足を踏み入れる」という行為が,一つのまとまりをもった述語概念を成している.(発話の場に,実際に一歩踏み出そうとしている者の足が存在することは十分考えられるが,それは,この言語表現

とは関係がない．）Du Bois (1980: 209) は，このタイプのはだか名詞を「融合目的語」(conflated object) と名付けている．

　Du Bois (1980: 215) によると，(12b) は (12a) より融合度が高く，イディオムや連語 (collocation) に近い．このタイプの動詞と目的語の融合体は，通常の動詞と目的語のコロケーションにみられるほどの自由度はないが，生産性がかなり高く，イディオムとは異なり，全体の意味が部分の意味から予測可能である．

　動詞と目的語の融合のほかに，前置詞と目的語の融合もある．下記 (13) はその例である．

(13) a. The president is in *town*.
　　　　（大統領が町に来ている．）
　　 b. He escaped from *prison*.
　　　　（彼は脱獄した．）
　　 c. Skill comes with *practice*.
　　　　（技能は練習によって培われる．）
　　 d. Enrich one's mind through *study*.
　　　　（勉強によって精神を豊かにする．）

これらの例においても，文全体によってそれぞれ言及されている状態，行為，過程とは独立に，特定の town, prison, study が具体的な存在物として認定されることはない．

## 4.　類表示と対比的含意

### 4.1.　類表示（下位範疇化）

　この節では，「はだか名詞」の談話機能面について考察する．これまでみてきたように，pear tree のような名詞構造における前位名詞は「はだか名詞」である．名詞句 a pear tree 全体は，外界に指示対象をもち得るが，構成素の pear は，「木」の下位範疇化に貢献しているだけで，特定

の「梨」には言及しない．類例を検証してみよう．

(19) a. *brick* garage（レンガ作りのガレージ）
b. *reproduction* furniture（古様式の家具）

このタイプの名詞の文法上の地位については，研究者の間で意見の相違がある．Du Bois (1980) では「複合語」(compound) とされ，Quirk et al. (1985) では「名詞派生の形容詞 (denominal adjective) ＋名詞」とされている．上でみてきたように，このタイプの連語の生産性の高さを考えれば，複合語説を受け入れることは難しいと考えられる．

また，この種の構造におけるはだか名詞が形容詞であるとする説を受け入れることも難しい．例えば，a glass factory（ガラス工場）という名詞句における glass は形容詞ではなく名詞である．その証拠は，glass 自体が stained のような形容詞によって修飾されて a stained glass factory（ステンドグラス工場）のような名詞句が生じるからである．形容詞がほかの形容詞によって修飾されることはないため，この glass は「はだか名詞」であると考えるしかない．このような「はだか名詞」の下位範疇化機能は，Bolinger (1967) が認定した，限定形容詞 (attributive adjective) の二つの機能のうちの一つである「指示修飾」(reference modification) にほかならない．確かに，「はだか名詞」と指示修飾用法の限定形容詞は，類表示および下位範疇化機能を共有している．次の文をみてみよう．

(20) a. She likes *suburban* life.
（彼女は郊外生活が気に入っている．）
b. She dislikes *city* life.
（彼女は都会生活が好きではない．）
(21) It was a funny story but not quite *drawing-room*.

(Quirk et al. (1985))

（それは，愉快な話だが，客間での会話にふさわしくない．）

(20a) は限定形容詞による，(20b) は「はだか名詞」を用いた指示修飾の

例である．最後の (21) は指示修飾の名詞が述語位置に生じている例である．

## 4.2. 対比的含意

前節では，名詞句レベルで用いられた「はだか名詞」の意味特徴が，類表示であること，および，しばしば下位範疇化機能を有することをみてきた．文レベルでも並行的機能が確認でき，はだか名詞は対比的含意を含んで用いられる．ここで，(1a), (2a), (10) の例をもう一度みてみよう．

(1) a. *Car* is the best mode of transport.
   （車は最適の輸送方法である．）

(2) a. The house is built of *brick*.
   （その家はレンガ造りだ．）

(10) a. *Spider* is shrike's favorite food.
   （蜘蛛はモズの好物だ．）

  b. *Letter* was one means of communication he had.
   （書簡は彼が使える通信手段の一つだった．）

  c. *Man* is mortal.
   （人間は死ぬものだ．）

これらの文が使われる無標の環境は，比較対照の文脈である．例えば，(1a) の話者は「車」を他の交通手段と比較している．(2a) の話者は，「レンガ」以外の材料の使用可能性を否定している．これらの文を発するとき，話者は実際には次のようなことを含意していると想定される．

(1) a′. *Car*, *not train*, is the best mode of transport.
   （電車ではなく車が最高の輸送手段である．）

(2) a′. The house is built of *brick*, *not wood*.
   （その家は木造ではなくレンガ造りだ．）

(10) a′. *Spider*, *not wasp*, is shrike's favorite food.
   （スズメバチではなく蜘蛛がモズの好物だ．）

b′. *Letter besides telephone* was one means of communication he had.
（電話のほかに手紙が彼の使える通信手段の一つだった．）

c′. *Man*, *unlike God*, is mortal.
（人間は，神様と違って死ぬものだ．）

同様に，(4B) に関しても，次のように対比的文脈が考えられる．

(4B′) No, I don't like *cake*. [I prefer *beer*.]
（結構です．ケーキは好きではありません．［ビールならいただきます．］）

あるいは，この文の話者は，暗に自分が辛党だと言っているのかも知れない．

この観点から，もう一度 (14) をみてみると，(14c) は文自体の中に対比を含んでいることが明らかである．(14a) と (14b) もカギ括弧のような対比の意味合いが暗示される．

(14) a′. The captain's word is *law*. ['not opinion nor advice']
（キャプテンの言うことは絶対だ．）［意見や忠告ではない．］

b′. Are you 103? ['the occupant of room 103, as opposed to 104, etc.']
（あなたは 103［号室の方］ですか．）［104 号室などでなくて．］

c′. Are you church or chapel? ['a member of the Church of England or a nonconformist'][4]

---

4. Quirk et al. (1985: 248) は (14b′-14c′) を「圧縮された叙述形」(compressed form of the predication) と呼んでいる．

(あなたは英国教会[派]ですか，それともプロテスタントですか．)

さらに，(21) では，「酒場ではいいかも知れないが，客間での会話としてはふさわしくない」というような含みが読み取れる．

## 5. おわりに

　この章では，英語における「はだか名詞」の特徴，具体的にはその特異な形態，統語的地位，非指示性，属性表示機能を考察してきた．その結果，はだか名詞の特異な形態は，とりもなおさずその意味談話機能を体現していることを確認した．はだか名詞が用いられるのは非指示的な言及をする場合に限られ，言語外の世界に指示対象をもたず，また，言語文脈中の他の要素に照応して用いられることもない．

　最後に，ここで扱った「はだか名詞」の特徴の多くは，不可算名詞の無標用法にもあてはまることを指摘しておきたい．次の文には名詞 coffee が2回出てくる．最初の coffee はカップに入った特定のコーヒー（不可算名詞の可算用法）を指し，2番目の coffee は，コーヒーのもつ抽象的な性質を表示している．

(22)　They had *a coffee*, because *coffee* aids digestion after a copious meal.
（彼らはコーヒーを飲んだ．腹いっぱい食べた後に飲むコーヒーは消化を助けるからだ．）

可算名詞であれ不可算名詞であれ，はだか名詞として用いられるときには，存在物の抽象的特性を表示することが明らかである．

　はだか名詞にみられる対比的意味合いについての詳細な考察は，今後の課題である．

# 第3章

# 名詞の選択と属性表示

　この章では，何かに言及しようとするときに人はどのように名詞表現を選んでいるのかという，言語使用上の基本的な問題を考える．名詞表現が指示する事物は，実在しているもの・事柄であることもあれば，単に概念として存在する心理的実在物である場合もある．本章の課題はいずれの場合をも視野に入れながら，次の2点を論証することにある．

　　(i)　名詞は，修飾語の有無にかかわらず，事物の属性の一部を前面に押し出す（前景化する）(foregrounding) 機能を有する．
　　(ii)　名詞の選択は話し手の世界認識 (cognition of the world) と伝達意図に影響を受ける．

　同じものやことを指すのにいろいろな言い方があるという事実について，日常生活ではほとんど意識されることがない．主としてポライトネスの観点から悩む場合以外には，大方の常識として，一つの指示対象にはそれにふさわしい名詞表現が一つ対応していると認識されている．しかし，実際には，話しているときも文章を書いているときも，われわれは事物をことばでどう表現するかについて，（多くの場合，無意識に）判断しているのである．例えば，部屋の中のある存在物を「テーブル」，「会議机」，「茶色の木製テーブル」，「家具」などいろいろな名詞表現で呼ぶことが可能で

ある．また，テーブルの上にある物体を「果物」といわずに「りんご」と言うとき，あるいは「コーラ」ではなく「ソフトドリンク」というとき，どのような判断がなされているのであろうか．

Brown (1958) は，「ものの名前は文脈によって変わる」(the names for things change with context) として，次の例を挙げている．

> (iii) 「10セント銀貨」は，大人と自販機にとっては「ダイム」(dime) であるが，2歳児には「お金」(money) である．
> (iv) 「ジョージ・ウイリアム」(George William) という男性は，彼の妻にとっては「ジョージー」(Georgie)，彼の子どもにとっては「お父ちゃん」(daddy)，同じ町に住む子どもたちにとっては「郵便屋さん」(mailman) である．

このように，一つの対象に対して，実際にはいろいろな呼び方が存在しているのである．

それでは，名詞表現の選択に関わる要因には何があるのであろうか．選択に当たって，われわれはあらゆる文脈情報を吟味し，伝達目的に最適と判断するものを選択しているはずである．例えば，誰かが「論理学者と話をした」と言うときには，当然，「論理学者」ということばによって言及される特定の人物が念頭にあるわけであり，その人物を指すことのできる表現は他にも種々あるはずである．なぜ，他の表現ではなく，「論理学者」にしたのか．考えられる理由は，話し相手の注意を当該人物の「論理学者としての資質」に向けたかったからであり，その他の性質，例えば，男性であることとか，40歳代であること，髪に白いものが混じっているなどといった属性ではなかったというものである．このように，名詞の選択は対象物のもつ一定の属性をクローズアップする機能をもっている．それは，換言すれば，対象物に特定の属性を帰すると同時に，聞き手・発話状況に対する話し手の心的態度を（メタメッセージとして）伝える機能であ

る.[1]

　ここでの考察は，主として「名詞」のもつ属性表示機能 (attributive function) を巡るものであり，「名詞句」の指示 (reference) について詳しく論じることはしない．指示とは名詞句がもつ意味機能であり，名詞そのものの機能ではないからである．名詞句の指示性は，限定詞や数標示形態素が伴うことによって得られるものであり，普通名詞の無標用法は，属性のコード化機能のみを有し，指示機能をもたない．したがって，例えば，英語の book はそれ自体として指示を持たないが，a book, the book, the books, some books などは指示表現として機能する．

　以下，第1節では意味場 (semantic field) における選択と一般化（具体化）のレベルについて考察する．第2節では語の意味 (sense) と指示の問題を概観する．第3節では「定性」(definiteness) の問題を，コード化のさまざまなストラテジーとの関連で扱う．最後に第4節で情意や感情的意味合いに触れる．

## 1.　意味の場と一般化のレベル

　単語の選択は，一般的には，同じ意味場に属する多くの選択肢の中から行われる．例えば，目の前にある船に言及するのに，「乗り物」「船」「ボート」「商船」「クイーン・エリザベス2世号」などのさまざまな表現の中から選択がなされる．また，食卓上のデザートを指すのに「果物」「柑橘類」「オレンジ」「タンジェリン」「みかん」などのうちのどれかの語彙を使う．その際，多くは，一般的な幅広い意味をもつ語を用いるか，それよりも特定的な語を用いるかという，一般性のレベル上の選択となる．決定要因は，

---

1.　メタメッセージとは，文の意味によって伝えられるメッセージ（基本メッセージ）と同時に伝えられる第二のメッセージであり，表情や発話のトーン，語彙，表現方法，文体の選択などによって伝えられる，対話者間の人間関係，相手・発話場面・発話内容に対する話し手の態度のことである．言外の意味の一つのタイプである．第9～10章を参照．

話者が指示対象をどの程度具体的に表示したいかの判断である．

　しかし，談話参与者が全員同じ語彙集合を共有しているとは限らない．異なる方言の話し手がいる場合や母語が別々の場合はもちろんのこと，同じ言語共同体出身であっても，職業，年齢，性別などサブカルチャーの違いによる差異が存在する．例えば，男女の語彙の比較研究のパイオニアである Robin Lakoff は，男女の興味やライフスタイルの違いと語彙を関連させる研究 (R. Lakoff (1975)) を行って，さまざまな差異の存在を指摘している．一例を挙げれば，女性は一般的に色の微妙な違いに敏感であり，豊かな語彙集合をもっていて，例えば，purple, mauve, lavender などの語彙を使い分けることによって「紫色」を細かく区別する．一方，大方の男性はそのようなことに無関心で，大雑把で数少ない色彩語で満足している．この違いは頭の中の辞書，すなわちメンタルレキシコン (mental lexicon) の違いに起因すると考えられている．

　レキシコンの大きさによってコード化の方略が影響される場合も当然あり，メンタルレキシコンが小さい人の選択の幅は小さい．前節でみた「ダイム」と「マネー」の選択はその一例であり，幼い子どもが少ない語彙で広い分野をカバーしている現象はしばしば目にする．[2]

　同一の職業集団の中で使われる特殊な語彙も存在する．それらの多くは，部外者には理解できないものである．例えば，化学物質の名は，化学者や薬剤師には重要であるが，哲学者や音楽家にはあまり必要ではない．化学専攻の学生の間で「アセトアルデヒド」という名で呼ばれる物体は，一般の人にとっては単なる「液体」(liquid) であったり「物質」(matter) であったりする．同様に，文化的背景の異なる人々が同じものを別々のやり方で分類するということもよく行われる．例えば，典型的な例として，

---

　2. 詳細な分類を行うのに必要な語彙が未入手であるために起きる，過剰一般化 (over-generalization) の例と考えることができる．一般に，幼児による世界のカテゴリー化は大まかなものとなるが，大人の感覚から考えると，きわめて新鮮な発想に思われるものが多い．

英語話者がriceという一単語で捉える食品は，日本語話者の間では，「稲」,「籾」,「米」,「精米」,「ご飯」,「飯」,「ライス」など，状態に即していろいろな名前を用いて区別されている.[3]

　生物分類には，綱 (class)——目 (order)——科 (family)——属 (genus)——種 (species) という階層がある．生物学における分類を詳しく扱うことはここでの目的ではないが，例えば，属 (genus) をコード化した典型的な単語として，「バラ」,「ユリ」,「リス」,「リンゴ」などがある．これらに対する，より一般的な（上位概念を表す）語としては，「植物」,「動物」,「果物」などが考えられる．目の前に置かれた果汁を含んだ丸い食べ物を「果物」と言うか「みかん」と言うかの選択は，「より一般的な」語と「より特定的な」語の間の選択である．意味要素の点から言えば，「果物性」はどちらの語にも含まれており，この観点から，「果物」を選択するときは，（より特定的な他の意味要素を無視した上で）指示対象のもつ果物の一種という属性を強調しているといえる．見方を変えると，より一般的な語彙の選択は，指示対象の属するクラス（類）を表示するという話者の選択であると考えられる．または，話者が当該の事物をそれまで見たことがないために，手持ちの特定的コード化の語彙で代用している場合もあるかもしれない．そのような場合には，一般的な語が便利で無難である．

　英語を母語として育っている幼児にとって，penny, nickel, dime, quarterなどはすべてmoneyであるのと同じようなことを大人も行っている．例えば，英語で，ときおり，一般性の程度の高い thing, object, animal, people, stuff などが使われる．Hasan (1968) によって「一般名詞」(general nouns) と名づけられたこれらの語を使用する場合，話者は指示対象のもつ「物理的存在」という性質だけに目を向けていると解釈される．その際には，当該の事[人]物が話者にとって，見たことも聞いたこ

---

　3. このような事例には，言語相対論が深く関わっているが，本章のテーマとの接点があまりないため，特に言及することはしない．

第3章 名詞の選択と属性表示　　　45

ともなく，あるいは想像したこともないものであるために，より詳細なコード化が不可能である場合と，談話語用論 (discourse-pragmatics) 的理由がある場合とがある．

　ここで特に興味深いのは，会話の公準 (conversational postulate) に違反した一般化方略である．次の Clark and Clark (1977: 122) から引用した会話をみてみよう．

(1)　Steven:　Wilfred is meeting *a woman* for dinner tonight.
　　　　　　　（ウィルフレッドは，今晩女性と食事することになっている．）
　　　Susan:　Does his wife know about it?
　　　　　　　（奥さんはそのことを知っているの．）
　　　Steven:　OF COURSE she does. The woman he is meeting is his wife.
　　　　　　　（もちろんさ．食事の相手は彼の奥さんだよ．）

ここで，Susan は協調の原理 (cooperative principle) に従って，「Steven が言及した女性は Wilfred の妻ではない」と推測している．これはもっともな反応である．なぜなら a woman というからには，通常，Susan には同定できない人物であるという含意 (implicature) があると解釈されるからである．また，Wilfred を知っている人なら，彼が妻帯者であることも知っているはずであるとの予測も成り立つ．したがって，Steven は，より情報量の多い his wife ではなく情報量の比較的少ない a woman を使っている点で量の格律 (maxim of quantity) に違反している．しかし質の格律 (maxim of quality) は満たしている．論理的観点からは，この発言は「真」(true) である．(1) は，それを利用して相手の反応をもてあそぶ，ことばによる「からかい」の例である．しかし，このように意図的に情報量を減らすことは，誤解を招き，現実のコミュニケーション場面で深刻な行き違いを引き起こす恐れがある．

　以上の論点をまとめると次のようになる．

(2) 特定的な語ではなく，より一般的な語を選択する理由：
　　　i) 語彙不足
　　　ii) 詳しい指定を不要とする判断
　　　iii) 対象物のもつ特定の意味的側面の焦点化
　　　iv) 情報の意図的抑制

(2ii-iv) の理由の存在は，語彙の選択にコミュニケーションの目的が大きく関わっていることを示している．

次のステップに進む前に，(2iii) に関連して，意味要素に関する別の側面をみてみよう．例えば bachelor という英単語には複数の意味があるが，「学位」と「オットセイ」に関する意味は除き，人間の男性に関する意味だけを考えると，[+Human], [+Male], [+Adult], [−Married] という意味要素をもつと分析できる．ところが，'He is a bachelor.' という発話では，bachelor のもつ，人 (human) であり，男 (male) であり，大人 (adult) でありという意味要素は圏外であり，独身 (unmarried) であることだけが伝達されていると解釈される．ここに関連しているのは [−Married] という要素だけである．具体的なコミュニケーションの場面では，語のすべての意味要素が同程度の重要性をもっているわけではないということである．

## 2. 意味と指示

前節までの議論における指示性の扱いは非公式的なものであった．例を挙げる際にも，名詞，固有名詞，冠詞・形容詞付き名詞を適宜用いてきた．ここでは，指示性は，本質的に名詞句に関わる性質であり，名詞のもつ性質ではないことを改めて確認する．一方，意味そのものはどうかというと，名詞・名詞句どちらの属性でもあり，実際には，意味と談話語用論，意味と「世界に関する知識」との併合をめぐって，しばしば混乱が起きる．次の例をみてみよう．

(3) The Morning Star is the Evening Star.
(明けの明星は宵の明星である.)

これは，Frege (1892) による古典的な例文であり，意味 (meaning) と指示 (reference) の議論に際してしばしば引用される．Frege も指摘しているように，the Morning Star と the Evening Star は同一の指示対象 (Bedeutung) を指しているが，同一の意味 (Sinn) を持っているわけではない．別の観点から言えば，the Morning Star と the Evening Star は一つの惑星に与えられた二つの名前にほかならない．それには Venus (金星) というもう一つの名前 (固有名詞) もある．

指示については，論理学の長い研究の歴史がある．別名，明示的意味 (denotation) や外延 (extension) とも呼ばれ，言語表現と現実の世界の存在物との写像関係と捉えられてきている．しかし，Lyons (1977) などには，異なる見解がみられる．すなわち，文法的には，名詞句の指示する存在物が，ことばによって談話の世界の中で確立しているかどうかのほうが問題だというのである．次の文をみてみよう．

(4) John wants to marry *a girl with green eyes* and take *her* back to Ireland with him, although he's never met any.
(ジョンは緑色の瞳の少女と結婚して，アイルランドに連れて帰りたいと思っている．まだ出会ってはいないけれど．)

ここで，「緑色の瞳の少女」は非特定的 (non-specific) と解釈される．その存在は前提もほのめかしもされていない．この文の中で，代名詞 her という代名詞は「文の初めの部分で特徴づけを行った可能な世界の具現化に決定的に関わる，想定された唯一的存在物」に言及する指示表現 (referring expression) である (Partee (1972: 426))．すなわち，いったん談話世界において確立されたなら，その存在物は現実世界におけるステータスとは関係なく，文法上は特定的 (specific) な事物として扱われるのである．

「緑色の瞳の少女」について，別の面からも考察してみよう．Lyons (1977) によると，(4) のような文の場合に，論理的には，話者も主語のジョンも，発話時あるいは将来的に「緑色の瞳の少女」の存在を確信している必要はない．世界に関する知識に基づいて考えれば，この世の中に，「緑色の瞳をもつ人間」が実際にいることは事実であって，(4) は，論理的には，ジョンが結婚したいと願望している少女が緑色の瞳の少女の集合の一員であることを述べたものといえる．したがって，a girl with green eyes という不定代名詞は総称的集合に言及しており，その成員一人一人がジョンの願望の少女の候補である可能性をもっている．その少女集合の成員全員が共有しているのが，瞳が緑色であるという属性なのである．

上記のように，(4) では，ジョンの願望世界の中の少女像が描き出されているが，現実世界や言語文脈に実在の指示対象がない．(4) の話者が伝えようとしているのは「緑色の瞳をしていることがジョンの結婚相手として決定的に重要な要因である」ということ，あるいは，「ジョンが結婚相手として緑色の瞳の少女を探している」ということである．

不定名詞句は，当然，特定的解釈をも受ける．次の文を考察してみよう．

(5) John wants to marry *a girl with green eyes* he met in New York and take *her* back to Ireland with him.
（ジョンはニューヨークで会った緑色の瞳の少女と結婚し，アイルランドに連れて帰りたいと思っている．）

(5) の文にも (4) と同じ名詞句が使われている．ここでは a girl with green eyes が「ジョンの意中の少女」を指すのに用いられており，現実世界に存在する特定の人を指示している．しかし，この発話をめぐって，実際にはいろいろな可能性が考えられる．例えば，「緑色の瞳の少女」という表現が，ジョンが使ったものではなく，話し手による属性付与である可能性，つまり，他の特徴ではなく，緑の瞳が特に印象深かったため，その属性のみに焦点を当てて報告している可能性がある．その場合，(5) を聞いた人が「ジョンは緑色の瞳に魅了された」と解釈したとすれば，それは

必ずしも事実に合わないことになる．その一方，話し手は「緑色の瞳の少女」が誰を指すのか具体的に知らず，単にジョンのことばを受け売りしている可能性もあるが，いずれの場合も，(5)の発話に登場するジョンの意中の人が「現実世界に存在」し，「緑色の瞳をしていて」「ニューヨークで出会った」ということは事実である．

当該の少女が自分の知り合いなら，その人を指すのに，話者はいろいろな別の名詞表現，例えば a pretty woman, a pianist, a pro-choice activist などを使うことも可能である．多くの可能な表現の中から特定の表現を選ぶことは，それが受け売りであれ，自分の観察であれ，際立って意味のある属性であるという話者の判断の結果を表している．以下では，このような，名詞類の「属性的用法」(attributive use) の特徴と機能を検討していく．

上記では単純不定名詞句のもつ意味語用論的機能について考察した．同じことが，「冠詞＋名詞」という形の，修飾語のない単純な名詞句についても言える．例えば，a girl という名詞句は指示対象 (referent) が実在する場合も，単に存在が仮定されているだけの場合も，指示対象のもつ他の属性，例えば，高校生であるとか，ボランティアであるとか，サッカーファンであるとかではなく，「少女である」という属性に焦点を当てている．このように，名詞の選択には「聞き手の注意を特定の属性に向けさせる働き」がある．ここに (2iii) と同じ動機が認定される．関連して，次の仮説を立てることができる．

(6) 名詞の選択は，次のいずれかあるいは両方の結果である．
   i) 話者による指示対象の認知
   ii) 話者による特定の属性の焦点化

上でみたように，いずれの場合にも，中心語名詞の選択に関し，名詞句の指示上のステータス，すなわち特定の指示対象をもつかもたないかは関係しない．

## 3. 定　性

次の (7) は Givón (1993, I: 232) による定性 (definiteness) の定義である.[4]

(7) 指示対象は，観念上，接近可能 (accessible) あるいは同定可能 (identifiable) であると判断されると，定名詞句としてコード化される．そうでなければ不定名詞句としてコード化される．

定義上，定名詞句はほとんどいつも談話世界における何らかの存在物に言及する．しかし，Donnellan (1966) が指摘するように，文の主語として非特定的に用いられることもある．(8) はその例である．

(8) Smith's murderer is insane.
（スミスを殺した犯人は精神異常者だ．）

Smith's murderer は，上でみた不定名詞句の a girl with green eyes と同様，指示的 (referential) および属性的 (attributive) 解釈が可能である．指示的解釈とは，Smith's murderer が具体的人物 [例えば, George] を指し示しているという解釈である．これに対して，属性的解釈は，特定の指示対象をもたず，次のように言い換えが可能である．

(9) Whoever killed Smith is insane.
（誰であれスミスを殺した人物は精神異常者だ．）

つまり，後者の解釈の場合には，Smith's murderer という表現は，ただ単にその属性 [スミスを殺害した人物ということ] のみに言及しているのである．特別な状況では，whoever killed Smith という名詞句には指示

---

4. ここでの議論に合わせて，関係のない部分は省略してある．

的解釈も可能である．しかし，通常は，単純に特定の人物が精神異常者であるということを主張するときに (9) が発せられるとは考えられない．(その人を指すのに，犯罪とは結びつかない他のいろいろな言及の仕方があるはずである．) (9) の文の主張の根拠として，「殺人を犯した」という事実に焦点が当てられているのである．(8) がこのように解釈されるとき，Smith's murderer は「属性的用法」(attributive use) をもつという (Donnellan (1966))．属性的用法においてはその属性を有していることが重要であるが，指示的用法においてはそうではない．当然ながら，聞き手にとっては，属性的用法と指示的用法は区別不可能である．Donnellan はこの点を以下のように総括している．

(10) 一般に，定表現が指示的か属性的かは話者の意図に依存する．

(10) の Donnellan の主張は，次の二つの点で不備がある．第一に，Donnellan は定名詞句だけを扱っているが，上でみたように，不定名詞句にも同じような対照がみられる．第二に，指示的用法と属性的用法の区別は，絶対的なものとみなすべきではない．前節でみたように，指示的用法の名詞句が同時に属性的用法を兼ねていることがあり得るからである．Lyons (1977) が指摘しているように，話者は，発話の中でどんな指示表現にするかを自由に選択できる．この事実は，発話における言語形式と意味との関係を考える場合に常に念頭に置いておかなければならないことである．ここで，次の原理を提唱する．

(11) 一般に，名詞の属性的用法は，発話時における話し手の認知・心的態度の関数である．

以下の議論では，名詞句の定／不定と指示／非指示の区別にはこれ以上触れず，普通名詞の属性的用法に注目し，その選択に話し手の認知的態度と心の有り様が反映されているという事実に焦点を当てて論じていく．まず，指示的用法の名詞句が属性表示機能をもつケースを概観する．これは言語において広くみられるが，説明の便宜上，定表現と不定表現に分けて

考察する.(定／不定の違いに意味を見いだしているというわけではない.)

## 3.1. 定存在物のコード化

まず，人間をコード化する際に「肩書き」を用いている有名な例からみていこう.

(12) Mr. Smith is looking for the Dean.
（スミスさんは学部長を捜している.）

肩書きが定性をもつ存在に言及して用いられるときによくあることであるが，この文は曖昧であり，the Dean は (Donnellan のいう意味で) 指示的であるとも属性的であるとも解釈できる．どちらの解釈の場合も，誰が学部長かを Mr. Smith は知っているかもしれないし知らないかもしれない．ここで着目したいのは，指示的に使われているかいないかに関係なく，the Dean のような肩書きは，（個人としての存在よりも）社会的地位に焦点を当てる機能を持っているということである．例えば，Dr. Charles Brown が学部長であったとして，(12) が同じ学部の教授の発言だとしたら，発話場面や相手に応じて，さまざまな別の表現，例えば Dr. Brown, Chuck, my colleague, your husband が用いられうるところである．肩書き表現の選択には，発話状況，談話参与者間の人間関係，話者のもつ百科事典的知識など，数多くの意味的・語用論的要因が関わっている.

日常生活において肩書きは広く使われている．物語・小説の中からの例をみてみよう.

(13) *The little prince* did not notice that *the king* ... *His father* ...
（小さな王子は，王様が...に気が付きませんでした．王子の父は...）

(14) *Mr. Fortescue* summoned *his secretary* to his office ... *Miss Turner* saw that *her employer* ...

(フォーテスキュー氏は,秘書をオフィスに呼んだ. ... ターナーさんは,雇い主が...)

(13), (14) には, 3 種類の指示表現がある. (i) Mr. Fortescue, Miss Turner は固有名詞, (ii) The little prince, the king は肩書きを用いたコード化手段, (iii) his father, his secretary, her employer は談話内の登場人物間の血縁や雇用関係をコード化する語彙である. (13), (14) は,同じ指示対象に対して, 異なるタイプの定表現がいかに自然に使われているかを示している. それがどうして可能になるかというと, ここに関わっているのが指示語用論 (referential pragmatics) である (cf. Leech (1983: 11)). すなわち, 名詞句の属性的用法は, 一連の意味語用論的要因に基づいたメタメッセージを伝える機能をもっており, 例えば, (14) を読んだり聞いたりした人には, Miss Turner は Mr. Fortescue の秘書であること, 逆に Mr. Fortescue は Miss Turner の雇用者であるという情報が伝わる.

一般に,「お父さん」,「お母さん」,「叔父さん」,「お祖母ちゃん」等の家族内の人間関係を表す用語はどの文化にもある. 日本社会では, これらに加えて, 目上の人に対して名前の代わりに肩書きを用いるのが, 家庭, 会社, 学校などあらゆる分野で慣用となっている. しばしば, 固有名詞を使わないことがシステムとして確立しており, 結果的に間接的言及という効果を生み, 相手に対する敬意表明の手段の一つともなっている.「学部長」,「王様」のような肩書きや称号はもちろん,「お父さん」,「先輩」のような人間関係用語も, 文脈によっては肩書きに等しいものとなり, 唯一的指示対象をもつ. 例えば, 先行文脈にそれらしい人物が出てきていない状況で, 社員が「社長」,「課長」などの表現を使うとしたら, 通常, 勤務している会社の社長や所属している課の課長を指しているということが相手に了解済みと考えているのである.[5] 肩書きの使用によって, 話し手の

---

5. 取引先に出向いている場面では, そこの社長や課長ということになる.

組織内での身分や指示対象との関係などに焦点が当たる．一方，指示対象の他の属性，すなわち，名前，性別，身体的特徴などはすべて無視される．ここに働いているのが (6ii) の原理である．

次は名詞句の同格用法の例である．

(15) *Castro, the man with few cards*, always winds up the dealer.
（カストロは，切れるカードをほとんどもっていない男だが，いつもディーラーを負かしている．）

(16) Less than three years after spurning a chance at Presidential immortality, *Mario M. Cuomo, the man so often cast as New York's Hamlet on the Hudson*, now risks the humiliation and abandonment of Lear.
（大統領候補としての不朽の名声を得るチャンスを蹴ってから3年も経たないうちに，ニューヨークのハドソン河畔でハムレットを演じていたマリオ・M・クオモが，今や，辱められ捨てられるリヤ王役に回る危険が出てきた．）

(17) In neighboring New Jersey, meanwhile, *the state's freshman Governor, Christine Todd Whitman*, once scorned as a lightweight candidate, suddenly finds herself mentioned as a possible 1996 Vice Presidential hopeful after pushing a ground-breaking income tax cut through a sympathetic Legislature.
（一方，隣のニュージャージーで，泡沫候補と目されていながら初当選した知事のクリスティン・トッド・ホイットマンは，州議会の賛同を得て減税を強力に推し進めた結果，突如，1996年大統領選の副大統領候補として名前が挙がってきた．）

(15)-(17) はすべて新聞記事 (New York Times) からの引用である．ここにも (6ii) の原理が働いている．(15) と (16) では，イタリック体の固有名詞やニックネームといった，話者による指示対象の独断的な描写の並

列がみられ，(17) は修飾語付きの肩書きと固有名詞が並列されている．いずれも指示対象の同定には関与せずに，特定の属性を付与する機能をもっている．(15) の The man with few cards や (16) の the man so often cast as New York's Hamlet on the Hudson はニックネームにしては長過ぎる．しかし，基本的な機能は変わらず，指示対象の特定の属性をクローズアップし，それに焦点を当てている．この観点から考えれば，ペットネーム（愛称）や形容辞 (epithet) と呼ばれるものにも同じ効果が認められる．次の例をみてみよう．

(18)　a.　Chuck ... Charlie Brown ... you sly devil ... Ol' Chuck ... you sly dog
　　　　　　（チャック ... チャーリー・ブラウン ... こいつ ... チャック君 ... こいつめ）
　　　b.　Miss Somers ... the silly idiot
　　　　　　（ソマーズさん ... あの愚か者）
　　　c.　Niel, you old vulture ... my boy
　　　　　　（ニール，このガキ ... 私の坊や）

(19)　Dear, Darling, Sweetheart, Honey, Sweetie, etc.

(18) には，固有名詞，ニックネーム，形容辞などが混在しており，中には，からかい・けなしの意味が含まれているものもある．(19) は親愛の情を伝える呼称表現を集めたものである．いずれにおいても (6ii) の原理が働いている．同格表現とニックネームの使用には，もう一つの共通した側面がある．それは，指示対象に対する話者の心情・感情的態度の表明機能であり，以下のように要約することができる．

(20)　属性を表すコードネームの使用は，指示対象に対する話者の心的態度に起因するものである．

次に，下記のような指示表現の交替は，語彙的置き換え (lexical substitution) と呼ばれる．

(21) Accordingly ... I took leave, and turned to *the ascent* of the peak. *The climb* was perfectly easy.
(そこで，... 私は出発し，頂上を目掛けて登り始めた．登坂はとても楽だった．)

(22) Once upon a time, when your Granny's granny was your age, *a little yellow bird* lived in a cage ... *the canary* ...
(昔々，お祖母ちゃんのお祖母ちゃんが，あなたぐらいとき，小さい黄色い鳥がかごの中に住んでいました．... そのカナリアは ...)

(23) *My girlfriend's father* is in a hospital. *That man* has been smoking for over thirty years.
(ガールフレンドのお父さんが入院している．あの人は 30 年以上も喫煙を続けている．)

(24) *A doctor* came to examine my child, who had been coughing and not eating well. *The pediatrician* said that he had a flue.
(医者が，咳が続いていて食欲のない私の子どもの往診に来てくれた．その小児科医は，子どもはインフルエンザにかかっていると言った．)

(25) So now *run* home, peeping at your sweet image in the pitcher as you *go*.
(さあ，自分のすてきな姿を水差しの中でながめながら，走ってお帰りなさい．)

語彙的置き換えは，(25) のように動詞でも起こるが，一番多くみられるのは (21)-(24) のような名詞類においてである．Hasan (1968)，吉田 (1975) はこの現象を論じ，「置き換え語（2 番目以降の言及に使われる指示表現）」(substituting term) に関する次のような傾向を指摘した．

(26) 置き換え語にみられる傾向
　　　i) 初出の語より一般性の高い表現が採用される．
　　　ii) 態度形容詞 (attitudinal adjective) を伴う傾向がある．
　　　iii) 生物名詞の場合は，種 (species)・属 (genera) を表示する語が用いられる．[6]

(26i) の傾向は，第1節で扱った「上位語―下位語関係」に関係しており，(22) - (25) でみた bird ― canary, father ― man, doctor ― pediatrician, run ― go はいずれもこの例である．

本節における議論に直接関わるのは，(26ii) の傾向であり，語彙的置き換えは存在物の属性コーディングに関する格好の例を提供する．上記の例で2番目以降の言及に使われている，肩書き，愛称，形容辞，親愛表現なども語彙的置き換えの一つのタイプであり，心情的態度を一語で表現する手段である．

次に，手続き的談話 (procedural discourse) の中での存在物のコード化を検討するために，料理の作り方（レシピ）における一連の置き換え表現をみてみよう．

(27) a. *When the vegetables* have been cooking for 30 minutes, stir in *the garlic* and *basil* and then *the eggs*. Mix thoroughly and remove the pan from the heat. Put *the mixture* into the prepared baking dish.
（野菜を30分煮込んだ後，ニンニクとバジルを加え，後から卵を入れる．よく混ぜて，火から下ろす．その混ぜ合わせたものを，用意した耐熱容器の中に入れる．）

---

6. 詳細については，さらなる調査が求められるが，この事実は，日常の言語使用の場面では，科学的に正確なことばというより，生活実感に合ったことばが用いられていることを示すものである．

b. In a small bowl stir together *the honey*, *soy sauce*, *sherry*, *five-spice powder* and *Sichuan pepper*. Add *the honey mixture* to the spareribs.
(小さめのボールに蜂蜜,醤油,シェリー酒,五香粉,四川胡椒を混ぜ合わせる.その蜂蜜の混ぜ物をスペアリブに加える.)

c. Cut *the white fish* and *salmon* into long, thin strips. Place *the strips* in a bowl ...
(白身魚と鮭を細長い切り身にする.切り身をボールに入れる. ...)

d. ... and roll up *the pastry* ... Arrange *the rolls* on the baking sheet ...
(練った生地をくるくると巻く.巻いた生地をベーキングシートの上に並べる.)

e. Toast *bread*, butter lightly, place on a baking sheet, and cover *each slice* with a layer of mushrooms ...
(パンをトーストし,バターを薄く塗り,ベーキングシートの上に広げる.一枚一枚の上にマッシュルームを平らにのせる.)

f. Pour *the eggs* over *the potatoes* and, when they begin to set, smooth the surface with the back of the spoon and cover the pan. Cook over low heat for 8 minutes. Lightly oil a plate large enough to hold *the omelet* ...
(ジャガイモの上に溶き卵をかける.固まりかけたらスプーンの背で表面を滑らかにし,蓋をする.弱火で8分間煮る.オムレツが入る大きさの皿に薄く油を塗り ...)

(27a) の the mixture, (27b) の the honey mixture は直前の操作の結果

できあがったものを指している．前の段階で行われる混ぜる操作の結果を指す mixture という語は，料理の途中段階における中間的産物を指す万能コードのようであり，この語の意味自体が操作結果を前景化している．(27c-e) はものの形に基づいた言及の例であり，直前の操作を確認している．(27f) は料理の名前が最終的にでき上がるものを指示している例である．書き手はここで操作の目的を強調し，最終段階にさしかかっていることを読み手に確認させている．レシピにみられるこのようなコード化の手段は，意図された生成物の属性を効果的に前景化する機能をもっている．

### 3.2. 不定存在のコード化

不定名詞句は，基本的に指示対象を同定するに足るだけの情報を聞き手が有していないと判断されるときに用いられる．したがって，典型的には，談話の世界に新しく登場する存在物を指して用いられる．次の例をみてみよう．

(28) a. Once upon a time, there was *a king* and *a queen*, who had no children.
   (むかし，子どものいない王様とお妃様がいました．)
   b. There was *an old man*, who lived in the forest.
   (森の中にお爺さんが住んでいました．)

これらの文中において，イタリック体の名詞句は現実世界あるいは想定された世界における人物を指示している．このような文で語りを始める物語の語り手は，談話の世界の中に指示対象としての特定の王様やお妃様や老人が存在することを明言している．Givón (1993: 215) によると，ここでの条件 (仮言含意 conditional implication) として (29) が成立する．

(29) If there was somebody
   then that particular individual must have existed.
   (誰かがいたならば，
   その特定の個人は存在していたはずだ．)

主人公の導入に当たって別の選択もあり得る．例えば，(28a) の a king and a queen の代わりに a royal couple ということも，(28b) で，もしその老人がきこりだったら，a woodcutter ということも可能である．具体的にどの名詞が選択されるかは語り手の伝達意図によって決定されるのである．このように，コード選択は指示対象の特定の資質に焦点を当て，その後の話の展開を決定付ける機能をもっている．

(30) は，特定の個体の存在を指示しない，非特定的名詞句を含んでいる例である．

 (30) a. Have you ever seen *a penguin*?
     （ペンギンをみたことがありますか？）
   b. You had better try to find *a good wife*.
     （よい奥さんを見つけたまえ．）
   c. What a fine canary … Oh dear, *a cat* may catch him. Oh, dear, the other birds may attack him …
     （なんていいカナリヤだろう…まあどうしよう，猫に狙われるかもしれない．どうしよう．他の鳥に襲われるかもしれないし…）

(30a) と (30c) は生物の種の名前を用いた例である．(30a) の話者は，特定のペンギンを念頭においていない．特定のペンギンではなく，その種の個体を一度でもみたかどうか尋ねているのである．(30c) も同様であり，猫という種の，トークン (token) ではなくタイプ (type) を指示している．[7] (30b) は，不定非特定的名詞句の属性的用法の典型的な例であり，a good wife は種ではなく資質 (qualification) を表示している．中心語の名詞 wife は，社会的，法律的関係上の範疇に付けられたラベルである．限定形容詞の good は価値判断を表現する語句であるが，ここでは意味的

---

 7. タイプは言語記号の型，トークンはその具体的表れを意味する．

に wife の下位範疇化機能を有している．全体として a good wife が表示しているのはトークンではなく wife の一つのタイプである．

次の文をみてみよう．

(31) a. I was praised by *a professor*.
（私は教授に褒められた．）
b. I heard it from *a doctor*.
（私はそれを医者から聞いた．）
c. *A native speaker* pronounced that word that way.
（ネイティブスピーカーがその語をそう発音したのです．）
d. To my surprise, I found the child reading *a book on philosophy*.
（驚いたことに，その子が哲学の本を読んでいるところを見たのです．）

上記の (4), (5) における a girl with green eyes の場合とは異なり，(31) の名詞句はいずれも特定的にのみ解釈される．話者は談話の中で，自分が接触したり見かけたりした人物や事物の存在を明言している．これは，上記 (29) の仮言含意から導き出される．

(32) 話者が接触したあるいは見たものならば，そのものは存在していたはずである．

毛利 (1983: 40f) は，これらの表現が用いられる状況に，次の二つのタイプを認めている．

(33) 次の場合には，特定の存在物に言及する際，肩書きや資格が用いられる．
i) 単に固有名詞の代わりとして．
ii) 指示対象の特定の資質を前景化するため．

(33i) は準特定的用法，(33ii) は属性表示用法と呼ばれるものである．(28) のような談話の登場人物に最初に言及する際に用いられる不定名詞句は，

話者の心理という観点からは，準特定的用法と見なすことができる．しかし，上でみたように，そのような場合においても，どの資質を選ぶかという点で話者は選択を行っている．

(33ii) は，指示対象のアイデンティティーを意図的に隠しているケースをも含む．(33ii) の状況下で (31) のタイプの文が発せられたとすると，それぞれの話者の伝達意図は聞き手を感心させることである．また，自分が相手より優位に立っているというメタメッセージを送っているケースも考えられる．例えば，(31a) には「教授に褒められたのだから，大したものだろう」という意味合いが含まれる．(31b) では「医者から聞いたのだから権威がある」，(31c) では「ネイティブスピーカーが発音したのだから正しい」と，それぞれ，教授，医者，ネイティブスピーカーの権威をもち出して，自己正当化をしている場合である．また，(31d) では「哲学の本を読んでいる」ということで，主語の指示対象の優秀さを印象づけている．

Lakoff (1975) が引用している「交通事故に遭った親子と医者の話」は，「肩書き名詞が誘発する誤解」の典型的な例である．[8] 父親と息子が交通事故に遭って，病院に運ばれた．集中治療室の医者はその子を見て "My God! He is my son!" と叫んだという話である．[9] この話を聞いたり読んだりしたほとんどに人にとってこの展開は辻褄が合わない．なぜなら，その医者が子どもの母親だということに思い至らないからである．医者は男であるというのは，医者ということばのもつ意味の一部ではなく，人間社会が作り出した観念である．この例のように，属性表示機能のために使われることばが，その意味だけでなく，社会的に付与されたイメージ

---

8. この話には、医者の代わりに市長が使われている「泥棒の親子と市長の話」のような別バージョンも存在するが、効果は同じである。

9. ある意味では、この話は英語だからうまくつながる。日本語では、いわゆる「女ことば」の存在によって、医者の発話が性別ごとに異なるバージョンにならざるを得ないからである。

に基づく強力なメタメッセージを発することはよくある.

　次の, 毛利 (1983: 43) からの引用は, 不定名詞句の属性表示用法がユニークな談話語用論的効果をもつ例である.

(34) 　a. 　Scounder! He is not altogether guiltless in this illness of mine; and that I had a great mind to tell him. But alas! how could I offend *a man who was charitable enough to sit at my bedside* …?

(E. Brontë, *Wuthering Heights*)

(ひどい奴! 彼は私のこの病気に全然関係がないわけではない. で, そういってやろうという気はあった. しかし, 私の枕元に座ってくれるほど親切な人に, どうして, 気を悪くするような行動がとれよう.)

　b. 　I shall be sorry to lose you; but since you cannot stay longer *in a house where you have been insulted*, I shall wish you goodbye, and I promise you to make the General smart for his behaviour.

(R. L. Stevenson, *The Rajah's Diamond*)

(あなたを失うのはつらいのよ. でも, あなたは侮辱を受けた家にこれ以上おれないのですから, お別れしましょう. 将軍は, 私がひどい目に遭わせてやりましょう. 約束するわ.)

(34a) と (34b) における長い修飾語句 (関係節) を含んだ不定名詞句の働きを考えてみよう. 不定名詞句であるため, 情報構造上は, それぞれ,「私の病床に付き添ってくれた情け深い人」,「あなたが侮辱的扱いを受けた家」の集合の一メンバーを新しい情報として提示している. しかし, それぞれの指示対象は間接的に特定できる仕組みとなっている. なぜならば, 関係節の内容が「陳述」ではなく「前提」として, すなわち周知の事実として, 提示されているからである. これは,「不定」名詞句を用いて, 談話上「定」

である指示対象に間接的に言及する効果的なレトリックである．本章のテーマとの関連で特に着目されるのは，(6)の原理がここにも適用できることである．話者が，特定的な表現ではなく一般的な言及表現を用いている理由は，指示対象のもっている特定の属性に焦点を当てたいからにほかならないのである．

次は，比喩的に用いられた名詞を含んでいる例である．

(35) a. The man is *a wolf*.
　　　b. He is in *a stew*.

(35a)は主語名詞句の指し示す人間の性格を，動物になぞらえて表現している例であり，dishonest, cruel などのような記述形容詞を用いずに，指示対象のオオカミ的性質にスポットライトを当てている．(35b)は，料理名が主語の社会心理的な状況を描写するのに用いられている例である．ここではシチューのもつ多くの意味側面のうちの一部のみが取り上げられ，食物としての属性は無視されている．このような比喩表現は，名詞の意味特徴の一部を焦点化しており，原理(6)がこの分野の言語使用にも適用できることを示している．

## 4. 感情的意味合いの負荷

Ogden and Richards (1923) は，指示的意味が同じ語（例：horse と steed）における「感情的意味合い」(emotive meaning) の相違を指摘した．Bolinger (1980: 72) は，それを「情意の負荷」(affect-loadedness) と呼び，コード化に関する重要な一面であるとして，次のように述べている．

(36) ... we must look to the quirk of human nature that sees everything colored rosy or gray. Mixed in with most of the words in English—and very likely every other language—is some taint of liking or disliking. The psycho-

logist Charles Osgood and his associates call this EVA-LUATION. Many concepts come in both shades, producing clusters of synonyms and antonyms, almost cell-like in the assemblies they seem to form in our brains. The popular expression is that words are LOADED.

(人間の本性には，ものごとをバラ色とか灰色に色分けして眺めるというひねくれた面があることに留意すべきである．好悪の感情の色付けが，英語の——おそらく他のすべての言語でも——単語のほとんどに負荷されている．心理学者 Charles Osgood と仲間たちはこれを「評価」(EVALUATION) と呼んでいる．概念の多くにそれぞれ好悪の色合いが共存するため，同義語や反義語が脳細胞のように束を成して存在する．ポピュラーな言い方をすれば，ことばには「(感情的意味合いが) 負荷されている」(LOADED) のである．)

感情的意味合いが負荷された語句の特殊なタイプとして，婉曲 (euphemistic) 語法や偽悪 (dysphemistic) 語法がある．old people と言う代わりに senior citizen というのは，old のもつ否定的意味合いを回避しようとした婉曲語法が定着したものであるが，登場した当時は，「そんな英語はない」と言われるなど，偽悪語法との意見もあった．見下されがちな職業名についても，次の表にみられるような婉曲語法的変更が広く行われている．

(37) 旧 / 新
- farmer / agriculturist
- garbage collector / sanitation engineer
- janitor / custodian
- undertaker / mortician, funeral director
- money handler / financier
- tradesman / businessman

これらの新しい名は，手あかのついた，言い古されたことばよりも，指示対象を好ましいイメージで表示している．

前節でみた，愛情表示表現や形容辞も，感情的意味合いの負荷されたことばの範疇に入る．これらは，どれも話し手の態度や心情を指示対象に帰属させる機能をもっている．

## 5. おわりに

言語学の研究で，名詞の属性表示の側面が大きく扱われることはあまりなく，一般的興味の対象は，名詞句の指示性 (referentiality) や定性 (definiteness) である．名詞句の談話機能との関連で属性表示機能が問題になることはあるが，ふつうは語用論の問題として脇に追いやられる．Kuno (1970) は，非特定的名詞句の意味談話機能を論じた先駆的研究であり，そこでは次のような記述がみられる．

(38) 名詞句の種類にはいろいろなものがあり，例えば，属性名詞句，非特定的名詞句，特定的指示名詞句，総称名詞句がある．これらをそれぞれ [+qualitative], [−specific], [+specific], [+generic] と呼ぶことにする．　　　(Kuno (1970: 361))

Kuno の分類は統語論に根ざしたものであり，名詞句をめぐるこれらの区別は文の統語的派生と直接的関わりをもつとされている．本章では，この違いを意味論，語用論に根拠を置くものと捉え，名詞のもつ属性との関連で議論を進めてきた．

指示性と定性は名詞句の属性であるが，属性表示機能は名詞に帰せられるものである．名詞の選択は，当該事物に対する話者の心的態度と周りの世界に対する認識に依存しておおむね決定される．名詞句の属性表示機能は，中心語の名詞（修飾語を伴っていてもいなくても）に含まれる情報と種々の語用論的要因の兼ね合いから生まれてくる．本章では，指示対象のもつ他の特徴を背景化することにより，特定の（現実の，あるいは想像上

の) 属性を前景化する機能に焦点を当てて考察してきた．総称的名詞句の用法や，話者の心理や態度がほとんど入り込む余地のない慣習化されたイディオム表現など，残された問題も多く存在するが，意味語用論的コード選択研究の今後の展開が期待される．

# 第 II 部

## 数標示と代名詞類

第 4 章

# 個体認定と文法上の数

## 1. はじめに

　第 I 部では，(i) 固有名詞以外の名詞は，元来，指示機能 (referential function) がないこと，(ii)「はだか名詞」(bare noun) がもっているのは類表示辞 (class designator) としての機能であること，また，(iii) 普通名詞が指示機能をもつのは，文中で，数標示形態素 (number marking morphology) や決定詞 (determiner) 等の限定構成素 (delimitative constituent) と共に名詞句を形成しているときのみであることなどの指摘を行った．本章では，「個体認定」(individuation) と「有界性」(boundedness) という二つの概念を基調に，これまでの主張を検証し，英語と日本語の名詞表現 (nominal expressions) における数標示システムを比較対照し，それぞれの背景にある対象認知のあり方を考察する．

　まず，第 2 節で，英語における文法上の数標示手段を概観する．次に，第 3 節では，はだか名詞の類表示機能との関連で，数標示につながる対象認知の仕組みを検証する．第 4 節では，個体認定の程度に基づいた名詞表現の分析を行い，それが，「可算／不可算」([±count]) と「単数／複数」([±plural]) という 2 対の素性による伝統的分析よりも優れている理由を述べる．第 5 節では，名詞句に「有界」(bounded)／「非有界」(unbounded) という意味論的な区別を導入し，数標示との関係を示す．第6節では，英語と日本語の類別詞の機能と部分詞構文（partitive construction）について考察する．

本章における主な論点は次の4点である．

(i)　はだか名詞は類表示辞である．
(ii)　単数／複数の標示は，対象の個体認定が可能であることを反映するものである．
(iii)　限定要素付きの名詞句の指示対象は有界性を有する．
(iv)　英語の不可算名詞と日本語の普通名詞の背後には同じ数限定システム（denumeration system）が働いている．

## 2.　英語における文法上の数

英語の名詞表現には，さまざまな語彙的，文法的，語用論的な標示がつくのが一般的である．次の文章をみてみよう．

(1)　*A Kentucky judge*, after hearing *a moonshining case*, said to *the defendant*, "Although *you* were not caught using *it*, *we* found *equipment* on *your premise* capable of producing *alcohol*. *We* are therefore going to find *you* guilty." (M)[1]
（ケンタッキー州判事は，密造酒事件の審理の後，被告に「現行犯逮捕ではなかったが，あなたの住宅内でアルコールの製造が可能な装置が見つかった．ゆえに被告人を有罪とする」と言い渡した．）

---

1.　M は，G. I. Nierenberg and H. Celero (1973), *Meta-talk: How to Uncover the Hidden Meanings in What People Say*, New York: Barnes & Noble からの引用であることを略記したものである．

(2) *Gorsch* was *the man who played the cello at the moving-picture theater* in *town*. Unfortunately, *he* had *a reputation* for being *none* too good *a player*. "*None* too good," perhaps, was hardly *the word*, for if *the truth* be told, *he* was worse than *any* of *his fellow musician* and was forever being bullied by *the conductor* for *that reason*. (T)[2]

(ゴーシュは町の活動写真館でセロを弾く係りでした．けれどもあんまりじょうずではないという評判でした．じょうずでないどころではなく，実は仲間の楽手のなかではいちばんへたでしたから，いつでも楽長にいじめられるのでした．)

ここで，イタリック体の英語名詞表現の形態をみると，冠詞付きのものもあれば，拘束形態素 (-s) が付与されたものもあり，固有名詞も代名詞もある．これらのさまざまな標示は事物の認知上のステータスを反映するものである．英語の話し手（書き手）は，常に対象の可算性や数量を意識し，また，ほとんどいつも定名詞句にするか不定名詞句にするかの選択を迫られている．その一方，対応する日本語表現には，冠詞や数を表す拘束形態素が存在していない．

Gillon (1996: 458) は，英語の数標示システムについて，次のように総括をしている．

(3) 名詞は，不可算名詞と可算名詞を区別する ±CT と，単数と複数を区別する ±PL という2対の素性と結びついている．±CT は語彙素性で，名詞の語彙項目エントリーの中で指定されている．±PL は統語素性であり，自由に付与されるが，一定の制約もあり，まず，+CT 素性を含む名詞は，±PL どち

---

2. T は，Miyazawa Kenji (1966), *The Tale of Miyazawa Kenji* (trans. John Bester), Tokyo: Kodansha からの引用であることを略記したものである．

らかの素性を付与されなければならない．−CT 素性を含む名詞は必ず −PL 素性を付与されなければならない．

この伝統的見解にのっとると，具象名詞と抽象名詞のパラダイムは次のように例示される．[3]

(4) a. poem [+CT, −PL], poems [+CT, +PL], poetry [−CT, −PL]
   b. machine [+CT, −PL], machines [+CT, +PL], machinery [−CT, −PL]

しかしながら，次の Hancock (1990) から引用した，対になった例文をみて分かるように，多くの名詞は，可算名詞としての用法と不可算名詞としての用法を兼ね備えている．

(5) a. My girlfriend has *beautiful hair*.
   (僕のガールフレンドは美しい髪をしている．)
   b. There were *some hairs* in my soup.
   (私のスープに髪の毛が入っていた．)
(6) a. The teacher gave us *paper* to write our compositions on.
   (先生は，僕たちに作文用紙を配った．)
   b. You have to use *a better paper*.[4]
   (もっと上質の紙を使わなくてはいけない．)

---

　3．具象名詞と抽象名詞の対は，ほかにも，laugh — laughter, permit — permission, medicine — medication, peasant — peasantry など数多くある．
　4．Hancock (1990: 54) は英語教育の立場から，次のような説明を与えている．
　　可算名詞として paper を用いるときには，a piece を付けなければならない．不可算名詞として用いるときには冠詞は付けない．

(7) a. All our six children are on *the bed/\*bed* at the moment.
   (うちの子どもたちは今6人ともベッドの上に乗っている．)

   b. All our six children are in *bed/\*the bed* at the moment.[5]
   (うちの子どもたちは今6人とも寝ている．)

(5b), (6b) では，hair, paper という，通常，不可算名詞と考えられているものが，可算名詞として現れている．また，(7b) では，通常，可算名詞である bed が，不可算名詞として用いられている．

(3) に関しては，McCawley (1975, 1979), Mufwene (1981) が指摘するように，次のような問題点がある．

(8) a. 英語の質量名詞 (mass noun) の中には，power, knowledge, rice, water, wine, alcohol のように単数形のものと，clothes, dregs, (do the) dishes のように複数形のものがある．

   b. 質量名詞の中には，praise/praises, power/powers などのように複数形にも単数形にもなるものがある．

   c. how much beans, how many beans, how much noodles, how many noodles 等の表現があることから，beans, noodles が可算名詞としても質量名詞としても用いられることが明らかである．

さらに，下記の (9) に縮図的に示した，具象名詞と抽象名詞の意味論か

---

5. Hancock (1990: 98) の説明は次のとおりである．
   この表現は「（就寝中であり）起きていない」状態にあることを述べているため，冠詞を用いない．
しかし，これでは，何の説明にもなっていない．

ら考えると，(3) の見解の正当性は疑わしい．

 (9) 名詞 poem の外延は，談話世界に存在するすべての詩の集合である．一方，poetry の外延は，(その名詞に当てはまるものの) 総数が一である集合である．

## 3. 日本語のはだか名詞

 周知のように，英語のような単数・複数言語 (singular/plural language) には，名詞句の指示を明確に示す文法手段がある．すなわち，冠詞が指示対象の談話上のステータスを標示し，単数・複数形態素が数に関する情報を伝えている．一方，日本語のような数類別詞言語 (numeral classifier language) では，名詞句の指示上のステータスを義務的に示す文法要素は存在せず，そのまま無印で，いわば「はだか」のままで用いられる．

 本章では，数標示システムに焦点を当て，定性標示 (definiteness marking) については取り扱わない．ただし，不定冠詞には，対象物の談話上の新しさ (discourse-new) とその数が1であることを同時に示す機能があり，典型的な複数機能項目 (multifunctional item) であるため，数標示との関わりにおいて言及することがある．

 次の日本文をみてみよう．

 (10) 私は，今朝卵を食べました．

この文は，'I ate an egg' とも 'I ate eggs' とも解釈可能であるため，英語話者の観点からみると曖昧であることになる．しかしながら，(10) は日本語としては不足がなく，全く自然な文である．(10) が発話されるとき，話し手は，単に食べ物の種類を述べているのかも知れないし，特定の個体を念頭においているのかも知れないが，その点に関する情報は言語表現上に現れていない．そこで，聞き手は，談話語用論の面から最も接近可能な推測を行うことになる．Yasutake (1989) で論じたように，日本語

の複数接辞と言われている「たち(達)」「ら(等)」「ども」は,英語の複数接辞とは対応せず,実体としては集合体標示辞 (collective marker) である.例えば,「兄さんたち」という表現は「兄さんとその他の人」を意味し,必ずしも「二人以上の兄」を指すとは限らない.

数標示に関して,英語と日本語の間には,次のような対照的な現象が観察される.

(11) a. 私は本を読みました.
 b. 私は一冊の本を読みました.
 c. 私は本を一冊読みました.[6]
(12) a. I read *a book*.
 b. I read *books*.
 c. I read some *books*.

日本文のうち,(11a) は「はだか名詞」を含む文であるが,(11b),(11c) は「冊」という類別詞を含んだ例である.(11) の三つの日本文は,実際,同じ状況を報告するときに用いることができる.それを英語で表現しようとすると (12a) になる.したがって,日本語の認知システムからみると,(12a) の英文は三とおりに曖昧であるということになる.

視点を変えると,(12) の三つの英文は,いずれも (11a) の日本語に翻訳可能である.(11a) の発話者は,ふつう,特定の一冊の本または複数の本に言及していると推測されるが,表現自体にはそれを直接標示する要素が含まれていない.この推論は,文の他の部分や談話語用論,また,背景にある共有知識に基づいて導き出されてくるものである.[7] ここで,話し

---

6. ほかに,「私は本一冊を読みました」という有標文も考えられるが,このタイプの文の容認可能性は低く,また,イントネーションに依存するため,ここでは考慮の対象外とする.
7. 日本語に無数に見られる空白 (ellipsis) の解釈も,一般に,これと同じタイプの推測システムによって説明される.

手の読んだ本が，少なくとも一冊はあることが語用論的に確かであるが，必ずしも一冊とは限らない．ここには，本のジャンル，タイトル，冊数を含めた数に関する情報などは，何も示されていない．なぜならば，それらは (11a) の話し手にとって発話時点における関心事ではないからである．

(11) の三つの文の違いは，行為の対象となった事物の表し方に由来する．(11a) の（文脈を考慮しない）無標の意味は，次の (13) と同じである．

(13) a. 私は，（料理やダンスや洗濯ではなく）読書をしました．
b. I did *book*-reading, not cooking, dancing, washing, etc.

(11a) の話し手の主たる意図は，自分が行っていた行為の種類を報告することなのである．その際，行為対象についての詳細は不要となる．このように，談話上目立たせる必要のない対象の認知ステータスを標示する手段として，英語には，(13b) にみられるような目的語包含 (object incorporation) が，日本語には，はだか名詞表現が存在する．

第1章では，はだか名詞が「類表示」機能のみをもち，特定の事物を指す場合には，直示表現や後置詞（助詞），語彙意味論，談話語用論に基づく推論で指示機能が担われることを示した．そこで，言語上明示されない情報を語用論的に補い，話し手（書き手）の意図を推論するのは，しばしば聞き手（読み手）の仕事ということになる．次の対になった文を比べてみよう．

(14) a. get on a *train*
b. change *trains*
(15) a. 列車に乗る
b. 列車を乗り換える

(14a), (14b) の英語表現では，列車の数が単数か複数かが明白に示されているが，(15) の日本語表現には数に関する標識がない．このような場合，日本語の聞き手（読み手）は，談話語用論的見地から，(15a) の「列車」

の数は1であろうと推測する．また，(15b) の場合には，列車から降りて別の列車に乗り込むのであるから，列車の数は複数であると推論される．

この点に関して，自然な言語データからの証拠を得るために，もう一度 (2) をみてみよう．ここでは日本語版の普通名詞はすべてはだか名詞である．一方，英語版の名詞は，一つ (town) を除いてすべて冠詞付きである．

> (2) *Gorsch* was *the man who played the cello at the moving-picture theater* in *town*. Unfortunately, *he* had *a reputation* for being *none* too good *a player*. "*None* too good," perhaps, was hardly *the word*, for if *the truth* be told, *he* was worse than *any* of *his fellow musician* and was forever being bullied by *the conductor* for *that reason*.
> (ゴーシュは町の活動写真館でセロを弾く係りでした．けれどもあんまりじょうずではないという評判でした．じょうずでないどころではなく，実は仲間の楽手のなかではいちばんへたでしたから，いつでも楽長にいじめられるのでした．)

ここから分かるように，日本語では，談話上あるいは指示上のステータスに関係なく，はだか名詞を用いるのが普通である．はだか名詞が特定の指示をもつと解釈されるとき，その解釈は名詞の意味の一部ではなく，聞き手（読み手）の想定によるものである．一方，英語では，ほとんどすべての普通名詞で指示対象の数の単複が標示されるため，聞き手（読み手）はその点について推測する必要がない．[8] ここでは，特に，(1) や (2) にあるような英語のはだか名詞が，日本語のはだか名詞と同じ機能を有し，同様に解釈される点に着目する．

---

8. 数の標示といっても，複数形でも具体的な数が付記されていない限り，実際の数は不明である．

## 4. 個体認定と可算性

　一般に，英語と日本語の名詞が文中に生じるとき，それぞれ次の5種類の数標示パターンをとる．

　　(16)　英語の数標示パターン
　　　　a.　a/an/one＋名詞　（e.g. I read *a book*.）
　　　　b.　数＋名詞＋-s　（e.g. I read *two books*.）
　　　　c.　非数字量化詞（non-numeral quantifier）＋名詞＋(-s)
　　　　　　（e.g. I read *several books*.）
　　　　d.　名詞＋-s　（e.g. I like *books*.）
　　　　e.　はだか名詞　（e.g. *Man* is mortal.）
　　(17)　日本語の数標示パターン
　　　　a.　数＋類別詞＋の＋名詞　（e.g. 2冊の本を読みました．）
　　　　b.　名詞＋数＋類別詞　（e.g. 本を2冊読みました．）
　　　　c.　非数字量化詞＋の＋名詞　（e.g. たくさんの本を読みました．）
　　　　d.　名詞＋非数字量化詞　（e.g. 本をたくさん読みました．）
　　　　e.　はだか名詞　（e.g. 本を読みました．）

二つの言語間にみられる共通点と相違点を明らかにするために，さまざまな数限定手段の果たす役割について改めて考察してみよう．第2節で，可算名詞と不可算名詞の区別は，英語の文法上の特徴に基づくものであって，必ずしも「現実世界」の指示対象に内在する性質ではないことを論じた．この点に関して興味深いのは，McCawley (1968c) による「英語では，複数可算名詞は，あらゆる有意な点で，単数質量名詞と同じ振る舞いをする」(In English, plural count nouns pattern like singular mass nouns in all significant respects.) という指摘である．複数可算名詞と単数質量名詞には，例えば，次のような共通点がある．

(18) 複数可算名詞と単数質量名詞の共通点
　　a. 冠詞なしで生じる．
　　b. 部分詞構文に生じる．
　　c. 総称文に無冠詞形で現れる．

(18c)にあるとおり，次の三つの総称文を比べてみてみると，質量名詞と複数可算名詞は無冠詞で，単数可算名詞には定冠詞が付いた形で用いられている．

(19) a. *Gold* is valuable.　　　　　　　　　　［質量名詞］
　　　（金は高価だ．）
　　b. *Women* are fickle.　　　　　　　　　　［複数可算名詞］
　　　（女は移り気だ．）
　　c. *The automobile* is an invention of the devil.

　　　　　　　　　　　　　　　　　　　　　　　［単数可算名詞］
　　　（自動車は悪魔の発明品だ．）

　　　　　　　　　　　　　　　　　　　　(McCawley (1968c: 568))

　Mufwene (1981) は，複数言語の観察に基づいて，「数」概念の基本的分析単位として，「個体認定有り」(individuated) と「個体認定無し」(non-individuated) という二つの概念を導入し，自然言語における数標示の原則として，次の (20) を提唱している．

(20) a. 「個体認定有り」か「個体認定無し」かというのは，「数」の概念の基本的分析単位である．
　　b. 「個体認定する」とは，意味論的には，それによってある集合が個体認定された存在物の集合として指定される操作であり，「個体認定しない」とは，ある集合が個体認定されない存在物の集合として指定される操作である．
　　c. 単数・複数言語では，「個体認定有り」・「個体認定無し」という概念と，「質量名詞」・「可算名詞」の結びつきは，

無差別的である．
  d. 数類別詞言語では，類別詞が個体認定の基本的単位を指定する役目をする．

名詞表現が「個体認定有り」か「個体認定無し」かは，二者択一的な概念ではなく，度合い（程度）の問題である．下記は，Mufwene の提唱した英語における個体認定度の段階（scale）と可算性の選好（countability preference）である．

(21) 英語名詞句の個体認定度――限定性の段階（delimitative scale）

個体認定有り                                       個体認定無し
―――――――――――――――――――――――――――――――――
a/an/one＋$N^9$＋∅  数＋N＋-s  non-Num.Q＋N＋(-s)  bare N＋-s  bare N＋∅
←―――――――――可算名詞―――――――――→
          （数限定可能 denumerable）
            ←―――――質量名詞―――――→
              （数限定不可能 non-denumerable）
        ―――集合体化（MASS-ification）[10]―――――――→

(Mufwene (1981: 231))

(21) で注目されるのは，数限定可能なものと数限定不可能なものの重なりである．一つには，英語の可算名詞は，はだか名詞以外のどの形で用いられようとも，意味論的には数限定可能性があり，何らかの明示的標示手段が存在する．それと同時に，数字による限定を受けていない (16c), (16d) のタイプは，対象物を個体認定無しの全体で捉えているため，数限定不可能となる．しかしながら，(17c), (17d) のタイプをはだか名詞と

---

9. 以下，「名詞」の略号としてNを用いる．
10. 集合体化（MASS-ification）とは，潜在的数標示可能性とは別に，名詞句表現として対象を集合体化して捉えて表すことである．

同類に扱うことはできない．複数形態素の存在により，潜在的に数限定の可能性があるためである．

(21)のモデルは，標準的な可算名詞／質量名詞の区別よりも的確に言語事実を捉えており，英語にみられる複雑な数標示システム解明の手がかりを与えてくれる．また，単数・複数形態素をもたない言語も含めて，さまざまな言語を単数・複数言語と同じ原理の下で扱うことを可能にするものである．

日本語は，Mufweneの研究対象に入っていない．数類別詞言語である日本語には可算名詞／不可算名詞の区別はないが，個体認定度の段階を，同じ原理に基づいて作成することは可能である．[11]

(22)　日本語名詞句の個体認定度――限定性の段階

個体認定有り　　　　　　　　　　　　　　　　　　　　個体認定無し

---

数+CL[12]　N+数+CL　non-Num.Q　N+non-Num.Q　bare N+CM　bare N
の+N　　　　　　　の+N

←―――――形態論上数限定不可能―――――→　　　　　　←―――→

　　　　　　　　　　　　　　　　＜形態上可能＞

←―――――――意味論上数限定不可能―――――――→

(22)によると，日本語の名詞は，「たち」「ら」「ども」といった集合体標示辞（collective marker, CM）が付いたものを除き，形態論上数限定不可能であり，個々の存在物の数に関する情報を伝えるために，基本的に類別詞を必要とする．しかし，それは日本語話者が「机」「木」「皿」「本」「卵」などの具体的存在物を個別の物体として認識していないことを表すもので

---

11. Mufweneは数類別詞言語の例として，オマニ語（Omani）に言及している．しかし，オマニ語を典型的な数類別詞言語と考えることには問題がある．日本語とは異なり，オマニ語では，数類別詞は数標示不可能な名詞にのみ用いられるからである．

12. 以下，「数類別詞」を表す略号としてCLを用いる．

## 第 4 章　個体認定と文法上の数

はない．(22) は単に，日本語では，名詞自体の形態レベルで，原型的に，個体を指示しないということを表すものである．集合体標示辞は，形態論上の接辞であるが，個体認定度は低い．

　数類別詞の意味上の機能は，指示対象をどこからどこまでと区切り (discontinuate)，具象化 (concretize) し，名詞が表示する存在物の類に個体認定用の単位を与えることである．比喩的にいえば，目で見たり，手で触ったりできるものとして，名詞の指示対象に具体的な形を与えるのである．英語でも，質量名詞の具体的な指示対象の量を表示するのには，a cup of coffee, a sheet of paper のように，量を区切る単位を外付けにする．その点では，日本語のはだか名詞と英語の質量名詞はよく似ている．(21), (22) のモデルは，この類似性を捉えており，両者の個体認定度の低さ，数限定不可能性の強さが明示されている．

　第 3 節でみたように，日本語ではだか名詞表現が用いられた場合，指示対象の数に関する情報は，名詞の語彙内容と談話語用論を手がかりに推論される．しばしば，限定修飾語が指示対象の個体認定上の手がかりを提供することもある．

(23)　a.　<u>おかしなはがき</u>が，ある土曜日の夕がた，<u>一郎のうち</u>にきました．　　　　　　　　　　　　　　　　　　　(T)
　　　b.　<u>てかてか髪をわけた村の若者</u>が，みんなが見ているので，いよいよ勢いよくどなっていました．　　　　　　(T)

(23) の下線部の名詞句は数標示が不在であるが，語彙的・語用論的情報を手がかりに，いずれも単数であることが推測される．

　可算性と単数／複数の区別を，語彙・統語プロセスとしてではなく，存在物の「個体認定度—限定性」の物差し上の位置関係のプロセスとして扱うという考えは，言語学上の普遍性の観点から望ましいと考えられる．上記 (1), (2) や次の (24) のイタリック体部分にみられる英語の「はだか名詞」を，日本語の「はだか名詞」と全く同じ方法で扱うことが可能だからである．

(24) a. *Man* is mortal.　(cf. (16e) above)
　　　　（人は死ぬものだ．）
　　　b. the moving-picture theater in *town*　(cf. (2) above)
　　　　（町の活動写真館）
　　　c. They escaped from *prison*.
　　　　（彼らは刑務所から脱走した．）

次の (25) では，(24) と同じ名詞が特定の個体に言及して用いられている．

(25) a. *A man* came to see you.
　　　　（男の人があなたを訪ねてきた．）
　　　b. John left *the town*.
　　　　（ジョンは町から立ち去った．）
　　　c. *A new prison* was built next to the police station.
　　　　（警察署の隣に新しい刑務所が建った．）

　日本語の「はだか名詞」と英語の「はだか名詞」の唯一の違いは，英語では，名詞ごとに可算性・不可算性のどちらかが優先される傾向がある点である．例えば，thoughtfulness, absentmindedness, oversight, advice, vanity などは，どちらかといえば，「個体認定無し」の扱いをされることが多い．一方，table, hand, pen, desk などは，ほとんど常に「個体認定有り」の扱いをされる．両者の違いについて，一般には，前者は抽象名詞，後者は具体名詞であるという説明で済まされている．この延長線でいくと，日本語の名詞はすべて抽象名詞ということになる．しかしながら，抽象名詞・具象名詞という分類は指示対象に内在する性質に基づくものではない．例えば，英文法上，information は「個体認定無し」，idea は「個体認定有り」という扱いを受けるが，前者を抽象名詞，後者を具体名詞とする意味論的根拠は存在しない．

　Quirk et al. (1985: 247) は，(24), (25) や下記 (26) のイタリック体の名詞を「二重分類名詞」(noun with dual class membership) という特別なカテゴリー名を設けて分類している．また，Declerck (1991: 39) は

# 第4章　個体認定と文法上の数

「再分類」(reclassification) による分析を提唱している．しかし，本章の考え方を採用すれば，語彙目録エントリー数を増やすことなく，無理のない説明が可能になる．なお，次の例は，英語の限定修飾 (restrictive modification) が，日本語の場合と同様に，存在物の個体認定にくみする場合があることを示すものである．

(26) a. What we need most of all is *peace*.
　　　　（われわれに最も一番必要なものは平和だ．）
　　 b. *A peace* like the one we know now is exceptional in history.
　　　　（現在のような平和な時代というのは歴史上まれなものである．）

## 5.　有界名詞句と非有界名詞句

　意味上の「有界性・非有界性」という区別は，Declerck (1991: 58–59) により導入されたものであり，ある状況が終点に到着したことをその意味の中に含む文は有界文であり，そうでないものは非有界文であるとされる．次の文をみてみよう．

(27) a. John read *the letter*.　　　　　　　　［有界文］
　　　　（ジョンは手紙を読んだ．）
　　 b. John was reading *the letter*.　　　　　［非有界文］
　　　　（ジョンは手紙を読んでいた．）
(28) a. John drank *whisky*.　　　　　　　　　［非有界文］
　　　　（ジョンはウイスキーを飲んだ．）
　　 b. John drank *five glasses of whisky*.　　［有界文］
　　　　（ジョンはウイスキーを5杯飲んだ．）
　　 c. John drank *glasses of whisky*.　　　　［非有界文］
　　　　（ジョンはウイスキーを何杯も飲んだ．）

(29) a. Bill handed out the Labour Party badge to *a party activist present*.　　　　　　　　　　　［有界文］
（ビルはそこにいた活動家に労働党のバッジを渡した．）
b. Bill handed out the Labour Party badge to *112 party activists*.　　　　　　　　　　　　　　　［有界文］
（ビルは活動家112人に労働党のバッジを渡した．）
c. Bill handed out the Labour Party badge *to party activists*.　　　　　　　　　　　　　　　　［非有界文］
（ビルは活動家たちに労働党のバッジを渡した．）

Declerck が指摘するように，有界文・非有界文の区別は，可算名詞・不可算名詞の区別と似ている．すなわち，有界文と同じように，可算名詞は指示対象に区切りを認定する．一方，非有界文と質量名詞は指示対象にどこからどこまでという区切りを与えない．

　本章での議論の観点から，特に(28), (29) の例に関して興味深いのは，それぞれの三つの文を区別しているものが，イタリック体の名詞句のもつ属性であることである．ここから，次のような有界名詞句 (bounded noun phrase) と非有界名詞句 (unbounded noun phrase) の区別が浮上してくる．

(30)　限定された (delimited) 存在物を指示する名詞句は有界名詞句である．その他の名詞句は非有界名詞句である．

次のタイプの名詞句は有界名詞句である．

(31)　固有名詞，決定詞／数＋名詞，all (of)/some[13]＋名詞

次のタイプの名詞句は非有界名詞句である．

---

13. some は多義であるが，いずれの用法においても有界性を示す機能を担っている．

(32) はだか名詞，はだか複数名詞，(all (of)，some 以外の) 非数字量化詞＋名詞

下記の (30) は有界名詞句と非有界名詞句を用いた文例である．

(33) a. Bill read a poem [three poems] last night. ［有界］
(ビルは昨夜一［三］編の詩を朗読した．)
b. Bill read poetry last night. ［非有界］
(ビルは昨夜詩を朗読した．)

(34) a. A litre [three litres] of water ran out of the tap.
［有界］
(蛇口から１［３］リットルの水が流れ出した．)
b. (Litres of) water ran out of the tap. ［非有界］
(蛇口から何リットルもの水が流れ出した．)

有界性は，指示性 (referentiality) と直接的な結びつきはなく，有界名詞句が指示的 (referential) で，非有界名詞句が非指示的 (non-referential) であるとは限らない．例えば，非指示的な不定名詞句や，不定総称名詞句には有界性がある．このタイプの名詞句は，特定の指示対象をもたないが，不定冠詞の存在により，名詞が表示する類の一員という形で意味的に限定されているからである．

有界／非有界の区別は，「個体認定度―限定性」とは密接な結びつきをもっている．どちらも名詞句の形態上の属性に関係しているが，この二つの概念は区別する必要がある．有界／非有界の区別は，二者択一的 (dichotomous) 概念であるが，「個体認定度―限定性」は連続体 (continuum) を成しているからである．有界名詞句と非有界名詞句の境界はどこにあるかというと，英語では，「個体認定度―限定性」の段階の中間点にある．すなわち，非数字量化詞付き名詞句は二つに分けられ，all (of)/some が付いているものは有界名詞句，その他の非数字量化詞付き名詞句は非有界名詞句である．日本語での境界は，「名詞＋数＋類別詞」

と「非数字量化詞＋の＋名詞」の中間である．

## 6. 数標示手段としての数類別詞と部分詞構文

　前節でみたとおり，日本語の名詞は，原型的に，はだか名詞の形で生じ，存在物を個体認定無しで表示する．その代わり，日本語には豊かな数類別詞（numeral classifier）体系があり，各々の類別詞は，名詞の類（class），形状（shape），単位（unit）を表示する．次の例をみてみよう．

(35) 　a.　一本の木
　　　b.　二冊の本
　　　c.　三杯の水

ここで，「本」，「冊」，「杯」という類別詞は，それぞれの存在物に数限定可能性を付与し，類全体の一部を区切って取り出すという部分詞機能を担っている．

　英語にも部分詞構文が存在する．通常，英語の名詞には，複数形態素，不定冠詞，数詞が，一つあるいは二つ以上付随して，指示対象の数に関する情報が示されるのであるが，指示を区切るのに部分詞を必要とする名詞も存在する．特に質量名詞は，量を表示するため，下記のような一連の表現を必要とする（Quirk et al. (1985: 249-251)）．

(36) 　a.　a *piece* of advice　　　[general partitive（一般的部分詞）]
　　　b.　three *sheets* of paper　[type partitive（タイプ部分詞）]
　　　c.　a *cup* of coffee　　　　[unit partitive（単位部分詞）]
　　　d.　two *pairs* of milk　　　[measure partitive（尺度部分詞）]

上記のイタリック体の項目には，質量名詞の指示の範囲を区切る機能がある．これは，日本語の数類別詞のもつ機能と本質的に同じものである．

　単数・複数言語における複数形態素は，数限定可能であると認定されたものに用いられる．そこに類別詞は介在せず，例えば，「犬」は，one dog, two dogs, three dogs, ... と表示される．「犬」は個々に独立した身体をもった存在であって，それ自体が数を数えるときの単位を成すとみなされるからである．しかし，次の例のように，このタイプの名詞も部分詞構造に現れることがある．

 (37) a. that *kind* of dog  （あの種の犬）
    b. a *sort* of automobile （自動車の一種）
    c. these *types* of gun  （こういうタイプの銃）

(37) のイタリック体の名詞は，質に基づいて指示を限定する機能をもっており，Quirk et al. (1985) はそれを「質による区分 (partition in respect of quality)」と名付けている．

 可算名詞の複数形が用いられた次の名詞句でも，部分が表示されている．特に注目すべきことは，これらがすべて，日本語のいわゆる複数接辞「たち」「ら」「ども」等と同じように，集合を指示していることである．

 (38) a. a large *crowd* of people  （大群衆）
    b. a (huge) *flock* of birds  （鳥の（大）群）
    c. a (small) *herd* of zebras （シマウマの（小さな）群れ）
    d. a *bunch* of flowers   （花一束）

数類別詞と部分詞構文は，抽象名詞にも適用される．(36a) は部分詞を用いた例であり，次の (39) は類別詞を用いた例である．

 (39) a. 三本のホームラン
    b. 一回の試験

 (11b) と (11c) にみられるような，日本語の名詞前限定 (prenominal delimitation) と名詞後限定 (postnominal delimitation) の意味上の違いは，残された興味ある問題である．ここでは詳しい検討は行わないが，これまでの研究で，名詞前数類別詞と名詞後数類別詞が表示する指示対象の認知ステータスは異なることが分かってきている．自然な談話から

採った言語データの分析によると，類別詞が名詞の前にある場合と名詞の後にある場合では，個体認定のレベルが異なっており，名詞前限定は指示対象が個別的に同定されていることを示し，名詞後限定は指示対象が同定されていない場合に用いられる．この点に関する証拠の一つとして，次の(40b)と(41b)でみるように，名詞前限定が非指示的な位置に生じるとぎこちない文となる．

(40) a. 電話一本よこさない．
 b. ?一本の電話（も）よこさない．
(41) a. シャツを何枚か買いました．
 b. ?何枚かのシャツを買いました．

また，一般に，指示対象の数が後続文脈にとって，重要，あるいは関連があるときには，数標示は名詞前に位置する．一方，それが背景的な情報に過ぎない場合には，数標示は名詞に後続する．次の宮沢賢治の短編からの引用文中に用いられているイタリック体の名詞表現を比べてみると，(42)の名詞前限定が用いられた名詞句は，談話上目立つ登場物に言及している．一方，(43) の名詞後限定では，個体認定度の低いものが表示されている．

(42) a. <u>一疋の灰いろの鳥</u>が降りてきました．
 '*A gray bird* flew down.'
 b. 象は<u>八把の藁</u>を食べた．[14]
 'The elephant ate *eight bundles of straw*.'

---

14. ここで注目されるのは，日本語のいわゆる連結助詞 (linking particle) の「の」と英語の of の文法上の地位および機能の共通性である．ここでは検討を行わないが，これらの間に何らかの共通の，もっといえば普遍的な，働きがあることは，(40b) の例をみても明らかである．

(43) a. 水を一杯飲んでいると，...
'When (he) was drinking *a glass of water*.'
b. 鹿が五六匹歩いている.
'*Five or six deer* are walking.'

(42)，(43)の英語版をみると，英語にはこのような談話機能上の違いを言語化する手段がないことが分かる.

英語では，(42a)と(43b)，(42b)と(43a)がそれぞれ同じ構造で表現されている．前者は可算名詞，後者は不可算名詞の場合の数標示パターンである．このように，英語には具体的な数を表現するための二つの形式が，日本語には個体認定のレベルをめぐる二つの形式があるが，両者は，別次元のものであって，交わることはない．この点に関して，両言語の数標示システムは根本的に異なっている．

## 7. おわりに

本章では，英語の名詞と日本語の名詞にみられる数標示形式と，その背景にある認知の仕組みについて多角的な検討を行った．はだか名詞は原型的に類表示辞であるという仮説から出発し，種々の数標示手段の性質を検討する中で，英語の可算名詞／質量名詞という標準的区別の欠陥を指摘し，「個体認定度」の段階に基づく認知的分析を提唱した．さらに，意味上の「有界性」と「非有界性」という区別の存在にも言及した．ここでのモデルによれば，(44)の二つの coffee の認知上の違いは (45) のように説明される．

(44) They had *a coffee*, because *coffee* aids digestion after a copious meal.
(彼らはコーヒーを飲んだ．こってりした料理の後に飲むコーヒーは消化を助けるからだ．)
(45) 上の文中の名詞句 a coffee は，話し手が指示対象を個体認定

していることを反映したものである．一方，はだか名詞の coffee は，個体認定されない抽象的な概念である．前者の場合は，指示が有界性をもっているが，後者の指示は非有界である．

　日本語と英語のはだか名詞のもつ共通の特徴と両者の相違点については，次のように総括することができる．

(46) a. 両者とも類表示辞である．
　　 b. 日本語においてはごく普通であるが，英語には少ないという違いがあるが，その理由は，二つの言語におけるコード化の様相の違いに起因する．
　　 c. 日本語文中に現れたはだか名詞は，潜在的に曖昧であり，形態を見ただけでは，指示上のステータス（類表示辞なのか，具体的な指示対象をもつものなのか）が不明であるが，英語のはだか名詞は常に類を表示する．

第 5 章

# 直示詞の機能
―― 個体認定と参与者志向 ――

## 1. はじめに

　すべての人間言語には直示詞 (deictics)[1] が存在する．典型的な例としては，this, that, I, you,「これ」,「それ」,「あれ」等の代名詞類，here, there,「ここ」,「そこ」,「あそこ」等の場所副詞，now, then,「今」等の時間副詞が挙げられる．直示詞による指示には，外界指示用法と文脈指示用法があり，いずれの場合にも，「話し手」,「聞き手」,「発話時」,「発話場所」等の要因がその選択に決定的に関わっている．

　この分野に関しては，記述的な面からも理論的見地からも研究が進められてきており，多数の論考が存在する．しかし，直示の定義と範囲に関して一致した見解は得られていない．ここでは，Hanks (1989: 104) に従って，直示詞のもつ基本的伝達機能を次のようなものと考える．[2]

---

　1. Jespersen (1965: 219) と Jakobson (1957) は shifters, また，Silverstein (1976) は referential indexicals という別の名称を用いている．
　2. Hanks は直示表現の比較研究を行い，それを基にして，標準的な直示表現の形でコード化される情報の種類分けを行い，直示表現の機能の多様性を論じている．

(1) （直示詞の）基本的なコミュニケーション機能とは，ことばのやりとりが行われている場との関連において，指示する対象や話しかける相手を，個体認定したり取り出したりすることである．(The basic communicative function (of deictics) is to individuate or single out objects of reference or address in terms of their relation to the current interactive context in which the utterance occurs.)

本章では，空間直示詞 (spatial deictics) の基本的な指示用法 (referential usages) をめぐって考察を行う．ほとんどの言語で，空間直示詞は，成員数の少ない，閉じられた範列的集合 (closed paradigmatic set) を成している．例えば，英語では this, that（および複数形の these, those），フランス語では ceci, cela（およびその変異形），日本語では「こ」「そ」「あ」（の各系列），ラテン語では hic, iste, elle 等である．これらの直示詞の形態と日常言語における広範な使用についてはよく知られているが，実際の用法についての詳しい研究は比較的数が少なく，幅広く活用できる記述の枠組みも限られている．本章では，異なったタイプの言語コミュニケーション場面で，同一の直示詞が一見すると矛盾した用いられ方をするという事実に着目し，これらの直示詞にコード化されている情報を通言語的 (cross-linguistic) な観点から考察し，統一的説明を求めていく．

## 2. 個体認定機能

英語の直示詞 this, that のもっている意味および語用論上の機能は，しばしば定名詞句や人称代名詞 it の意味や語用論上の機能と比べられる．このことに関して，先行文献中にみられるさまざまな観察およびコメントを整理して概略を記すと以下のようになる．

(2) a. 直示詞は，「名詞句」を取り出して，注目させる働きをする．

  b. this/that を用いた照応は，it を用いた場合よりも，「定性」と「指示性」が幾分か高い．
  c. 直示詞は，代名詞 it よりも意味が「重い」(loaded)．
  d. 直示詞は，特定の指示対象を取り出し，それ以外のものではないことを示す．
  e. 直示詞は独立した指示をもつが，定名詞句や代名詞にはそれがない．

(2) にみられる種々の指摘は，次のような用法の観察から導き出されたものである．

(3) a. I like *that*.
  b. I like *it*.
(4) A： We should have champagne and caviar at the party after CLS.
    （シカゴ言語学会の打ち上げパーティは，シャンペンとキャビアで祝いたいものだ．）
  B： *That's*/*It's* a good idea.  (Channon (1980))
    （そいつはいいねえ．）
(5) Fred doesn't want to go, and *that's*/*it's* the problem.
                  (ibid.)
  （フレッドが行きたくないと言っていて，それが問題なんです．）
(6) [The Queen said:] 'Curtsey while you're thinking what to say. It saves time.' Alice wondered a little at *this*, but she was too much in awe of the Queen to disbelieve *it*/\**that*.  (Halliday and Hasan (1976))
  （女王は言った「言うことを考えている間はお辞儀をしていなさい．時間の節約になります．」アリスは<u>それ</u>はちょっと変だと思いました．でも，女王があまり恐ろしかったので，黙っ

てそれを受け入れました.)

　(3a) を発話するとき，話し手は聞き手の注意を that の指示対象に向けようとしている．指示対象が発話時点ですでに焦点となっている場合には，(3b) のように言う．ここで着目したいのは，二つの代名詞のもつ個体認定度の違いである．(4B) と (5) では，that が直前の文脈の中に登場した命題をまるごと個体認定して指示しているが，it ではその代行ができない．(4B) と (5) の話し手は，直前の先行文の発話内容に相手の注意を向けているが，it に焦点移動 (focus shift) 機能がないため，that に取って代わることができないのである．(6) では，女王の発話内容に言及する際，最初に this が用いられ，焦点化した後は it が用いられている．このような場面では that を用いることができない．(3)-(6) にみられる事実は，直示詞の使用が焦点移動のある文脈に限られることを示唆している．

　Gundel et al. (1989, 1993), Gundel (1996) は，自然な言語文脈における指示表現の使用（および他の言語現象）に関わって，六つの認知上の地位の区別を提唱している．これらの認知上の地位には，(7) に示す既知性の階層 (givenness hierarchy) に基づく含意関係 (implicational relation) が存在する．(該当する英語と日本語の形態を付記する.)[3]

---

　3.「既知性の階層」は，含意関係を示しており，指示対象に含まれる可能性のあるものの集合について，最も限定的な（焦点が当たっている）ものから最も限定的でない（タイプの同一性のみを指定する）ものまでという順番で並んでいる．それぞれの階層上のステータスは，各々の代名詞あるいは決定詞の使用に関する必要十分条件を成している．

(7) 既知性の階層

| in focus | activated | familiar | uniquely identifiable | type referential | identifiable |
|---|---|---|---|---|---|
| (焦点) | (活性化済み) | (存知) | (唯一同定) | (類指示) | (同定可能) |
| {it} | that<br>this<br>this N | {that N} | {the} | {indefinite *this* N} | {a N} |
| {∅} | これ<br>それ<br>あれ<br>この N<br>その N | {あの N} | {∅N} | {∅N} | {∅N} |

Gundel et al. の研究の基本的前提は，決定詞や代名詞が認知上の異なるステータス（記憶上の位置付けに関する情報や注目度）を表示するという考え方である．それによると，それぞれの決定詞や代名詞は，可能な指示対象の集合を限定する役割を果たしており，聞き手の情報処理を容易にしている．

Gundel et al. の枠組みを用いると，(i) 英語の直示詞は二つのカテゴリーに分かれるのに対し，日本語の直示詞は三つのカテゴリーに分かれるという違いが明示的になる．さらに，(ii) 決定詞の that と代名詞の that が聞き手に対して出すシグナルの違いも説明できる．決定詞の that は，長期記憶をたどってなじみのある指示対象を探せという指示を出すのに対し，代名詞の that は，指示対象が直前の文脈の中に存在しているというシグナルを発する．関連して，Gundel et al. による次の主張をみてみよう．

(8) 先行発話に言及するのに代名詞の this や that を用いるのは，

焦点移動の特殊なケースにほかならない．なぜなら，発話直後の注目の的は，典型的には，発話によって述べられた状態や事態ではなく，その発話で話題となった存在物だからである．(Use of pronominal *this* and *that* in referring to previous statements is just a special case of focus shift since the focus of attention at the point after a statement is made is typically not the event or state of affairs described by that statement but rather the entity which is the topic of the statement.)　　　　　　　　　　(Gundel et al. (1989: 95))

ここで問題になるのは，さまざまな言語理論において，種類の異なるものが同じ「焦点」(focus)という名称で呼ばれていることである．そのことが多方面にさまざまな混乱を引き起こしている．ここでは，Kiss (1998)がハンガリー語の焦点構造文と英語の分裂文の統語的・意味的研究に取り組んだ中で提唱した「個体認定焦点」(identificational focus)という概念に注目する．個体認定焦点とは，文脈上・場面上「既知」である要素の部分集合であり，新情報を担う単なる「情報焦点」とは区別される．ここでは，個体認定焦点の機能を以下のように考えている．

(9) 個体認定焦点のもつ機能
個体確認焦点は，文脈上あるいは場面上「既知」である要素の部分集合であって，聞き手の注意をそれに向けさせる機能をもっている．

(9)の考え方を取り入れることによって，直示詞の弁別的機能は次のように定義できる．

(10) 諸言語における直示詞は，個体認定焦点を表示する．

以下では，それぞれの直示形態の固有特性を考察する．

## 3. 談話参与者志向と近接／遠方の対立

　Russell (1940: 114) によると，直示詞は自分中心的であり，this は「今私が注意を向けているもの」(what I now notice) と同義である．それは話し手や具体的発話場面との結びつきが，空間・時間的直示詞の核心にあることを意味する．それでは，this と that の弁別的使用に関する第一義的な判別基準は何かといえば，話し手が，自分自身と「言及する事物や概念」との関係をどのように捉えているかである．例えば，this を用いる場合は，話し手と概念の間に何らかの結びつきが存在する．that を用いるときは，両者の間に距離があり，言及される概念はしばしば聞き手と結びつけられる (cf. Gensler (1977))．

　R. Lakoff (1974) は，this と that について，空間・時間直示，談話直示 (discourse deictics)，心的直示 (emotional deictics) の三種類の用法を認めている．空間・時間直示が「基本的な」タイプであり，他の二つはメタファー的拡張や抽象化のプロセスを経て派生されたものである．次の例は，空間・時間直示の this が意味拡張によって「関心」，「重要性」，「親密さ」(closeness) の表明にまで至っていることを示すものである．

　(11)　a.　*This* is exactly what the doctor told me to do.
　　　　　　（これが，まさしく医者にやるように言われたことなのです．）
　　　　b.　A:　(After a roundabout proposal) Anyway, it's a suggestion.
　　　　　　　　（(遠回しの提案をした後で) とりあえず提案します．）
　　　　　　B:　You know, *this* sounds like a really good idea.
　　　　　　　　（君，こいつは，実に良い案だよ．）

(Gensler (1977))

　　　　c.　Clinton made his long-awaited announcement yesterday. *This* statement confirmed the speculations of many observers.

(昨日，クリントンは，長く待たれていた発表を行った．声明は，多くの関係筋の予想を裏付けるものであった．)

　これまでにみてきた例は，すべて直示詞の文脈指示用法であった．外界指示用法については，第5節で扱うことにする．

　本節の冒頭で述べたように，直示詞は必然的に談話参与者の志向と深く結びついており，近接直示詞が表示する「近接性」には，話し手を基準とする物理的な近さだけでなく，心理的な近さも含まれている．次の (12) は，英語の this と日本語の「この」の指示対象が話し手の心理的領域に含まれていることを示す例である．

(12) A : Have you seen the neighbor's new dog?
　　　　(隣の家の新しい犬見た？)
　　　B : Yes, and *that* dog kept me awake all night.
　　　　(見た．あの犬のおかげで一晩中寝られなかったよ．)
　　　B′:??Yes, and *this* dog kept me awake all night.
　　　　(見た．#この犬のおかげで一晩中寝られなかったよ．)
　　　　　　　　　　　　　　　　　　　　　　(Gundel et al. (1989))


## 4. パラメトリックな変異

　基本的な直示関係を表現する方法は言語ごとに異なる．以下では，「近い／自己に近接」(close/near self) 対「遠い／他者に近接」(distal/near other) という区別の語彙化における諸相について概観する．

### 4.1. 英語の体系
　英語には，近接／遠方の区別を直接反映する語彙がある．

(13) （話し手に近接）: this
　　　（話し手から遠方）: that

　直示は自己中心的な性質をもっているため，「近接」とは，上でみたように，話し手に近いことを意味する．それ以外はすべて遠方というマークがつく．遠方とされるものの中には，聞き手に近いものもあるが，そうでないものもある．

　上でも触れたように，直示詞が談話直示や心的直示に用いられるときは，(13)に示した基本的区別の心理的・メタファー的拡張として解釈される．この点については後に改めて考えることにする．

### 4.2. 日本語の体系

　日本語はしばしば「談話参与者中心言語」であると言われる．直示体系においてもそれが大きく関係している．次の(14)と(15)は，日本語における空間直示の三分類について，二つの伝統的な考え方を図式的に示したものである．

(14) 話し手に近接⋯⋯⋯⋯⋯⋯⋯⋯「こ」系列
　　　聞き手に近接⋯⋯⋯⋯⋯⋯⋯⋯「そ」系列
　　　話し手／聞き手から遠方⋯⋯⋯「あ」系列
(15) 近接⋯⋯⋯「こ」系列
　　　中間⋯⋯⋯「そ」系列
　　　遠方⋯⋯⋯「あ」系列

　いずれにおいても三つの直示系列が存在し，それぞれが異なる指示の基準点をもっていると考えられている．黒田 (1992) は，このような考え方に異議を唱え，第一義的な区別として，二つの概念領域 (conceptual sphere)，すなわち「話し手基軸」(speaker-grounded) と「聞き手基軸」(addressee-grounded) とに区別すべきだとの主張を展開している．黒田によると，近接／遠方の区別は，話し手基軸の領域のみに関係し，「そ」

系列は，話し手が聞き手の存在を意識しているときにのみ用いられる．本章では，黒田の主張を支持し，基本的な日本語の直示体系を次のようなものと考える．

(16) 話し手基軸 $\begin{cases} 近接\cdots\cdots「こ」系列 \\ 遠方\cdots\cdots「あ」系列 \end{cases}$

聞き手基軸 $\cdots\cdots$「そ」系列

(16)に示したように，日本語の空間直示体系は，第一に，話し手基軸か聞き手基軸かが選択され，話し手基軸のときに限って，近接と遠方の区別がなされるという二段構えのシステムとなっている．

## 4.3. 朝鮮語の体系

朝鮮語も三区分体系をもつが，日本語とは異なる二段構えである．

(17) $\begin{cases} 近接\cdots\cdots\cdots\cdots\cdots\cdots\cdots\cdots i\text{-series} \\ 遠方 \begin{cases} 聞き手基軸\cdots\cdots\cdots ku\text{-series} \\ 談話参与者の領域外\cdots ce\text{-series} \end{cases} \end{cases}$

(17)が示すように，朝鮮語の空間直示体系は，第一に，近接と遠方の区別がなされ，遠方指示のときに限って，聞き手基軸と「談話参与者の領域外」が区別されるという二段構えになっている．

## 4.4. ラテン語とスペイン語の体系

ラテン語とスペイン語も直示領域を三つに区分する．その標準的な記述は以下のようなものである．

(18) ラテン語

話者に関連 (related to speaker) $\cdots\cdots$ *hic*

聞き手に近接 (close to addressee) $\cdots\cdots$ *iste*

遠方 (out yonder) $\cdots\cdots\cdots\cdots\cdots\cdots\cdots\cdots$ *ille*

(19) スペイン語
   話者に関連⋯⋯⋯⋯⋯ *éste*
   聞き手に近接⋯⋯⋯⋯ *ése*
   遠方⋯⋯⋯⋯⋯⋯⋯⋯ *aquél*

　ラテン語の iste もスペイン語の ése も，中間域の空間直示詞といわれ，しばしば日本語の「そ」系列と対応するとされている．ここでは詳しく触れないが，(18), (19) のいわゆる中間域の直示詞と呼ばれるものは，軽蔑的意味合い (contemptuous force) を含んで用いられることがある．聞き手に近接していることと，軽蔑的意味合いとの間にどのようなつながりがあり得るのかは興味深い．考えられるのは，次節以降で考察する心的要因との関連であり，中間域の空間直示詞の使用が，話し手の心理的関わりのなさを標示し，無関心から冷淡な態度，さらには蔑視へとつながっていくというものである．

## 5. 空間，談話，心象

　空間直示と談話直示・心的直示との間に，明白な言語学的結びつきが存在することは予測できる．this, that の空間指示用法を説明する規則は，これらの直示詞の談話指示用法・心的指示用法にも適用可能なものでなければならない．談話直示詞としての this, that の特性と考えられているものを次に挙げる．

(20) a. that は先行文脈に登場したものに言及する際に用いることができ，ほとんどの場合，this よりも自然である．
   b. this には後続文脈指示の直示詞としての用法があるが，that にはそれがない．

(20) の観察は，(13) で述べた this, that に関する基本的な特質を物理的世界から心理的世界へ拡張させることによって説明することができる．一般に，先行文脈に登場した考えや命題は，談話参与者すべての共有物とな

るのであり,話し手の領域に留まらない.そのために that を用いて言及される.一方,後続文脈に属する情報は,発話時点で話し手の頭の中に留まっており,他人には入手不可能である.ゆえに that ではなく this が用いられる.

次の (21) の例は,話し手の態度によって距離が測られることを示している.

(21) 会社の重役が主任研究員に向かって言った言葉:
    a. *This* is exactly what we need.
       (これこそ,まさしくわれわれに必要なものだ.)
       ←this によって言及し,自ら行動を起こそうする態度を示している.
    b. *That*'s exactly what we need.
       (それこそまさしくわれわれに必要なものだ.)
       ←重役は,提案した科学者に手柄を帰している.
    c. *That*'s a crazy pipedream.
       (それは,実行不可能な夢想だ.)
    d. ?*This* is a crazy pipedream.
       (これは,実行不可能な夢想だ.)

(21d) がぎこちない理由は,相反する態度を示す二つの項目を含んでいるからである.すなわち,this で話し手の主観的関わりを表示しながら,それとは不適合な,軽蔑的な意味合いをもった a crazy pipedream が同一文中にあるからである.

Lord and Dahlgren (1997) は,解説調 (expository) の書き言葉英語のサンプルとして Wall Street Journal からニュース記事を集めたコーパスを用いて,照応現象 (anaphora phenomenon) の調査を行った.その結果,直示的照応辞の選択に関して,次のような事実が判明した.

(22) a. 近接/遠方の直示タイプの選択は,談話全体のトピックの関数である:近接直示詞の 75% はトピック指示である

が，遠方直示詞の場合は，14％しかトピック指示用法がみられない．近接直示詞が先行の文や談話の一部を指示しているとき，その指示対象はすべてトピックであった．(cf. Lord and Dahlgren (1997: 343))

b. 遠方指示の that, those は，近接直示詞の this, these よりも，同一の談話セグメント中に先行詞をもっている可能性が高い．(cf. Lord and Dahlgren (1997: 340-341))

(22a) にみられるトピック性と近接直示詞の相関関係によって，結果的に，近接照応辞と先行詞との距離が長くなる状況が生まれる．その一方，遠方直示詞と先行詞の物理的距離は近い．これは，一見，直観に反する結果である．

問題のカギとなるのは，「距離」の概念である．Lord and Dahlgren の調査結果によると，先行詞と照応辞の物理的距離は，話し手・書き手と指示対象との間の心理的距離と相関しない．トピックになっている概念は，話し手・書き手の興味の中心であるために，離れた位置にあっても近接直示詞による指示が可能である．物理的距離は大きくとも心理的な距離が近いということである．反対に，周縁的な (peripheral) 事柄や参与者は，談話の中心的興味と密接な関わりをもたないため，ずっと後から二度目に言及されることがなく，遠方直示詞の出番はない．もし言及されることがあったとしても，直後に限られるのである．

Lord and Dahlgren (1997) は，談話に関して，次のような現象の存在も指摘している．

(23) 談話において，ほとんどの直示詞は抽象的指示対象をもち，場合によっては，先行セグメントの定義づけにくみする．例えば，近接直示詞は，しばしばトピックに関連する背景情報を提供しながら，新しいセグメント導入の役目をする．

例：*This* is taking place while television watching in general is on the rise. (これは，テレビの視聴率が一般に上がってき

ていた頃のことである.)

(24) 直示詞は，典型的には，次のような評価動詞類とともに用いられる:

That means (つまり)…, That indicates (ということは)…, That isn't necessarily alarming (といっても)…, That could cause (それによって)…, That seems easy enough (とても簡単そうだ)…

あるいは，次のように説明表現とともに用いられる:

That's because (なぜならば)…, That depends on (〜次第である)…, That occurs when (そうなるのは)…

(23), (24) に示された傾向は，いずれも明らかにトピック関連のものである．(24) に関連して，専門的 (technical) な内容に関わる会話で，why 文や how 文にしばしば that が生じている (例: That's why …, That's how …) ことも注目に値する．これらの事実は，直示詞による指示が話し手を基軸とする性質をもっていることを示すものである．

Gensler (1977) は，話し手基軸次元との関連で生ずる興味深い事柄として，時制用法との関連を指摘している．すなわち，前方照応的に指示された概念が本来的に時間軸の中に固定されているならば，現在と重なる時制（現在と現在完了）をもつ文には this を用い，その他の時制のときには，that を用いる傾向がある．次の例をみてみよう．

(25) a. *That* is/*This* is/*That* was/?*This* was very nice of you.
(それは／これはどうもご親切に.)
b. *This*/\**That* has been most enlightening.
(これで大いに啓発された.)
c. But *this*/\**that* could go on for days! [the present discussion]
(これは，何日も決着がつかない.) [現在行われている議論]

d.　Ah, *that*/\**this* was long ago.
　　（ああ，それはずっと昔のことだ．）

(25) の各文において，this の指示対象は「今，ここに」存在するものとみなされている．一方，that の指示対象は，観念上，発話場面から遠い存在であり，それが容認可能性の差となって現れている．(25a) において，that が現在時制とともに用いられながら容認可能となっている理由については，次節で扱うこととする．

## 6.　語用論的効果

　前節で議論した心理的親密さは，発話や記述の内容に対する話し手・書き手の心的関わりと結びついている．本節では，心的直示詞のさまざまな用法について考察する．

　しばしば指摘されるように，評価，賞賛，非難，喜び，不満等の心的態度が，this/that の使い分けによって表されることがある．

(26)　a.　*this* appropriate remark of Mr. Smith's
　　　　　（スミス氏のこの適切な発言）
　　　b.　*that* really beautiful speech of your wife's
　　　　　（奥様のあの非常に素晴らしいスピーチ）
　　　c.　*that* ugly remark of her father's　　(Curme (1931: 77))
　　　　　（彼女の父親のあの不快な発言）

(26a) の近接直示詞の用法は，他人の発言に対する話し手の肯定的な評価的態度と結びついている．しかし，安藤 (1986) が指摘するように，ここでは名詞自体に評価の意味を担った形容詞 appropriate が伴っているため，直示詞に評価的意味合いが含まれていると述べるのは正しくない．それでは，ここでの直示詞 this の機能は何なのであろうか．

　Hanks (1984, 1989) によると，直示詞には，指示対象と話し手の間の関係を指定する関係機能 (relational function) がある．第 2 節において，

直示詞による指示の本来的特性の一つとして導入した個体認定機能は，実は，この関係機能と結びついているのである．ここで，次の仮説を立てることにする．

> (27)　直示詞は，話し手が指示対象に対してもっている観念的（物理的，精神的，心的）関係を標示する．

この仮説に立って (26) をみると，(26a) と (26c) は，話し手の指示対象に対する「心的関わり」(involvement) と「突き放し」(distancing) の例として説明できる．しかしながら，(26b) を同列に扱おうとすると問題が生じる．この文では，「突き放し」の that が賞賛の形容詞句 really beautiful と共起しているからである．そこで，直示詞の選択に関わっていると考えられる次の三つの要因の存在と優先順位を確認する必要が出てくる．

> (28)　i.　指示対象に対する話し手の心的関係（心的要因）
> 　　　ii.　指示対象に対する聞き手の関係（人間関係の要因）
> 　　　iii.　発話時と当該の事象の生じた時点との時間的距離（時間的要因）

文脈が不明のため，(26b) でなぜ遠方指示の直示詞が選択されたかを正確に知る手だてはない．しかし，人間関係の要因と時間的要因が心的要因に優先したケースであるという判断はできる．この例から，that と this について，両者の空間・時間直示用法がほぼ相補分布を成しているにもかかわらず，心的用法の差が明らかになりにくいケースが存在することが分かる．

次に，評価形容詞の含まれていない例をみてみよう．

> (29)　a.　*That* left front tire is pretty worn. [by a garage mechanic]
> 　　　　（左のタイヤがかなりすり減っているねえ．）[修理工の発言]

b. *Your* left front tire is pretty worn. [by a highway patrolman]

（あなたの車の左タイヤはかなりすり減っている．）[道路パトロール中の警官の発言]

(R. Lakoff (1974: 351))

意味論の観点からは，これらは奇妙な例である．(29a) で，遠方表示の that が，話し手と聞き手の間の心的関わりを標示しているのに対し，二人称代名詞が用いられた (29b) が，距離をおいた発話になっているからである．この現象に関して，機能論的観点からは，次のような説明ができる．直示詞の個体認定機能は，聞き手に，ある種の参加感覚を喚起する．いわば話し手と同一の土俵に立たせるのである．遠方を表示するものであっても，直示詞には聞き手に話し手と同じ目線でものごとを眺めるよう参加意識を引き出す機能があるのである．それに対して，二人称代名詞の使用は，主客を区別する機能によって，相手に対し突き放した態度を示すことになる．

次に，主として，意思伝達のためでなく，あいさつなど単なる社交のための言語使用，いわゆる交際言語 (phatic communion) の例をみてみよう．

(30) （相手が手にしているカメラをみて）

a. Is *this* your new camera?

（これがあなたの新しいカメラですか．）

b. Is *that* your new camera?　(KI)[4]

（それがあなたの新しいカメラですか．）

---

4. KI, WP は，それぞれ，下記からの引用である．
　 KI:　今井邦彦 (1995)『英語の使い方』大修館．
　 WP: *Views of Japan from The Washington Post Newsroom* (1996) 講談社．

(31)　（相手の太い腹部を指して）
　　　a.　What's *this*?
　　　　　（何だこれは．）
　　　b.　What's *that*?　（KI）
　　　　　（何だい，それは．）

(30a) と (31a) において this が使われているのは，話し手が発話の話題に主観的な関わりを感じているためである．それに対して，(30b) と (31b) では that が使われており，客観的な距離感，あるいは好ましくないという心的態度が伝わってくる．

本節でみてきた，英語の近接／遠方直示詞のメタファー的拡張用法の考察結果は，以下のようにまとめることができる．

(32)　英語空間直示詞のメタファー的拡張

| 形態 | 空間・時間用法 | 談話指示用法 | 心的指示用法 |
|---|---|---|---|
| this | 近接　→ | 注目の的→ | ｛賛意 / 生き生きとしている |
| that | 遠方　→ | 周縁的　→ | ｛見覚え有り / 非難 |

## 7.　日英比較

本節では，直示詞の英語における二分法と日本語における三分法との比較を試みる．直観的には，英語の this は日本語の「こ」系列に対応し，英語の that は日本語の「そ」系列あるいは「あ」系列に対応すると思われる．しかしながら，次の Washington Post からの引用とそれに対応する日本語の翻訳から分かるように，二つのシステムの間には，根本的な違いがある．

(33)　a.　... the possibility that the long-dominant party could

finally lose its governing majority.　Some analysts say *this* could happen ... 　(WP)
　　　b.　長期政権を担ってきた政党が，ついに政権与党の座を降りる可能性 ... 解説者はそれが起こるかも知れないと ...

(33) において，英語では近接直示詞で言及されている命題が，日本語では聞き手志向の直示詞で言及されている．近接直示詞を用いて，「これが」とすると不自然になる．日本語の「こ」系列の直示詞は，英語の this とは異なり，非現実の文脈に適応不可能であると考えられる．

次の対になった 2 文は，時間的に離れたものを指す直示表現「あの頃」「その頃」を用いたものである．

　　(34)　a.　1920 年代，あの頃はみんな貧しかった．
　　　　　　　(In 1970's, we were all poor.)
　　　　b.　1920 年代，その頃はみんな貧しかった．
　　　　　　　(In 1920's, they were all poor.)

英語ではどちらも in those days になるが，両者の違いは参与者関与性に由来する．話し手・聞き手ともに 1920 年代への関与感覚がある場合には (34a) が，単に客観的にその時代に言及している場合には (34a) が用いられる．

　このほかにも，自然な発話データの中には，英語の this が日本語の (「こ」系列ではなく)「そ」系列や「あ」系列の直示表現に対応している例がたくさんみつかる．同様に，英語の that が (「そ」系列や「あ」系列ではなく)「こ」系列に対応している例もよくみられる．両系列の比較研究の更なる進展によって，それぞれの直示詞の固有特性と体系の全体像が明らかになることが期待される．

## 8. おわりに

　本章では，空間・時間直示詞の基本的機能に焦点を当て，談話機能・心的態度表示用法へのメタファー的拡張のメカニズムを概観した．どの直示表現についても，すべての用法に通用する素性集合を認定するのは困難であるが，上記で概観したような，近接／遠方の区別から派生する同定機能と人間志向の次元という観点からの研究が進み，直示に関する通言語的分析がさらに進展することを期待する．

第6章

# 不定代名詞類の意味と談話機能

## 1. はじめに

　日本の大手携帯電話会社の一つに NTT DoCoMo というローマ字名の会社がある．DoCoMo は Do Communications over the Mobile Network という英文の短縮形とされているが，明らかに「どこも」という日本語を連想させるネーミングである．英語の anywhere を意識して「当社の商品を買えば，どこからでもどこへでも好きなところに電話ができますよ」というメッセージを消費者に向かって発信していると感じさせる．

　本章では，このネーミングの言語学的な考察から出発し，英語と日本語の不定代名詞類 (indefinite pronominal) 全般について，その意味と談話機能の多角的検討を行っていく．現代日本語の「どこも」は，形態論的には，疑問代名詞「どこ」に副詞「も」を付加したものである．日常会話の中では何の違和感もなく使われている言葉であるが，国語辞典類の見出し項目としては未登録である．[1] 英語の anywhere を『ランダムハウス大英

---

1. 調査した辞書は，広辞苑（岩波書店），大辞泉（小学館），新明解国語辞典（三省堂），必携国語辞典（角川書店）である．

和辞典』で調べてみても，(1) にあるように，対応する日本語のリスト中に「どこも」はみあたらない．

 (1) anywhere
   adv.（疑問文，条件文で）どこかに，どこかへ
     （否定文で）どこにも，どこへも
     （肯定文で）どこへでも，どこでも
   n. どこか，どこでも

言語学的には，「どこも」は (1) にある「どこにも」「どこでも」「どこへも」「どこへでも」等を短縮し，応用範囲の広い一般形として発達してきたものと考えられるが，現時点では文法化の完了していない言葉ということになる．[2]

## 2. 考察対象

 本章では，不定代名詞類という用語を，名詞・名詞句相当語だけでなく副詞や形容詞の相当語をも含むものとして広義に用いる．一般に，不定代名詞類はグループ・系列を成して存在しており，例えば，日本語では「か系列」「でも系列」「も系列」，英語では「some 系列」「any 系列」「no 系列」というような語彙集合を成している．後にみるように，これらはいずれも異なる統語範疇に属するメンバーを含んだ集合であり，(1) の anywhere と同様に，いわゆる副詞用法と名詞用法を兼ね備えたものもある．また，英語の some, any, no のように，代名詞用法と決定詞用法を兼ね備えたタイプもある．談話機能という観点から考えるならば，名詞相当語句とそれ以外との間に一線を画する理由はもちろん存在しない．

---

 2. 和英辞典には「どこも」は項目としてリストされているが，対応語は示されず，例文のみが掲載されている．『プログレッシブ和英中辞典』（小学館），『ジーニアス和英辞典』（大修館）参照．

第6章　不定代名詞類の意味と談話機能　　　　　　115

本章で考察対象とするのは，次のような表現である。[3]

(2)　a.　Susanne is thinking about *something*.
　　　a′.　スーザンは<u>何か</u>考えごとをしている．
　　　b.　Take *some* apple.
　　　b′.　りんごを<u>どれか</u>お取りください．
　　　c.　Did you see *anybody*?
　　　c′.　<u>誰か</u>見えましたか．
　　　d.　You can take *any apple*.
　　　d′.　<u>どの</u>りんごを取ってもよい．
　　　e.　You must go *somewhere*.
　　　e′.　<u>どこか</u>に行かなければならない．

英語では，(2b), (2d) のような単数可算名詞とともに用いられる不定決定詞用法の some/any と，複数名詞や不可算名詞とともに用いられ，不定数・不定量を標示する some/any とは別の機能をもっている．単数可算名詞と共に用いられる some/any が表示するのは「不定の数量」ではなく，(他の不定代名詞類と同様に)「不定のアイデンティティー」である．この点については，第7節で論じる．

　不定数・不定量を表す some/any の用法をいわゆる some/any 交替の観点から扱っている文法書は多いが，それ以外の観点からの some/any の研究はあまり行われていない．Bolinger (1977: 25) は貴重な例外であり，複数形や物質名詞と共に用いられる some は弱形で [sm] と発音され，可算名詞の単数形と共に用いられる some は強勢をもった形で [sʌ́m] と発音されるという事実を基に，両者を別の単語として扱ってい

---

　3．決定詞 (determiner) は，伝統文法でもしばしば代名詞扱い，あるいは少なくとも代名詞と一緒くたに扱われてきている (例: this, that)．

る.しかし,Bolinger の興味は,主に some/any 交替規則の不当性を主張し,any の否定極性を否定するところにあったため,[sm] と [sÁm] の機能の違いに関する明確な主張の展開はみられなかった.

本章では,some と any の区別については特筆しない.ここでの主たる関心は,不定代名詞類の普遍的属性,および不定名詞句(例:a book, a man)と不定代名詞類(例:some book, anybody)の談話機能上の違いを明らかにすることである.

## 3. Haspelmath による先行研究

Haspelmath (1997) は,世界中の言語を対象とし,不定代名詞類(例:someone, anything, nowhere)について初めての包括的研究を行った.それによって,不定代名詞類の機能・形態上の属性にみられる変異は,一連の普遍的な推論的制約に従っているということが分かった.第一に,不定代名詞類の形態上の一般的特徴は「派生形」であることである.Haspelmath が調査した 100 言語のうち,63 言語において,疑問代名詞類と不定代名詞類は同形であるか,あるいは派生関係にあった.残る言語の場合は,不定冠詞(あるいは数詞の 'one')と一般名詞(例:person, thing, place, time)の組み合わせから成っている.日本語は前者のタイプ,英語は後者のタイプに属するといえるが,英語には somewhere, anyhow, somewhat のような明らかに前者のタイプのものも例外的に含まれている.

Haspelmath が掲げた英語と日本語の代名詞類のリストは,以下のとおりである.

(3) 英語の不定代名詞類には,三つの主要な系列がある: (i) 非強調の (non-emphatic) *some* 系列,(ii) 強調の (emphatic) *any* 系列,(iii) 否定の *no* 系列.いずれも決定詞と一般名詞/疑問代名詞の組み合わせで構成されている.

第6章　不定代名詞類の意味と談話機能

|  | 疑問詞 | some 系列 | any 系列 | no 系列 |
|---|---|---|---|---|
| 人 | who | some-body, some-one | any-body, any-one | no-body, no one |
| もの | what | some-thing | any-thing | no-thing |
| 場所 | where | some-where | any-where | no-where |
| 時 | when | some-time | any-time | never |
| 様態 | how | some-how | any-how | no way |
| 決定詞 | which | some | any | no |

(4) 日本語の不定代名詞類には三系列あり，すべて疑問詞から派生している：(i) 非否定 (non-negative) の「か」系列，(ii) 否定 (negative) の「も」系列，(iii) 自由選択 (free-choice) の「でも」系列．いずれも疑問代名詞に一つあるいは二つ以上の助詞が付加した形から成る．

|  | 疑問詞 | 「か」系列 | 「も」系列 | 「でも」系列 |
|---|---|---|---|---|
| 人 | 誰 | 誰か | 誰も | 誰でも |
| もの | 何 | 何か | 何も | 何でも |
| 場所 | どこ | どこか | どこも | どこでも |
| 時 | いつ | いつか | いつも | いつでも |
| 様態 | どう | どうか | どうも | どうでも |
| 量 | いくら | いくらか | いくらも | いくらでも |
|  | いくつ | いくつか | いくつも | いくつでも |
| 決定詞 | どれ | どれか | どれも | どれでも |

　Haspelmath も認めているように，類型論的手法による研究は，幅広い言語を扱う一方で，個々の言語の研究は底が浅くなりがちである．上記の日本語の表には明らかな欠陥があり，そもそも最下段の決定詞の行は誤りである．英語の疑問決定詞 which に対応する日本語の疑問決定詞は「どの」であり「どれ」ではない．「どれ」は（決定詞ではなく）疑問代名詞である．この混乱の元は，英語の疑問決定詞と疑問代名詞が同形であること

に由来すると推察される．表 (4) の最終行は次のように修正されるべきである．

(5) 　　　　　　　　疑問詞　「か」系列　「も」系列　「でも」系列
　'which'（名詞）　どれ　　どれか　　　どれも　　　どれでも

決定詞の列に現れるべきものは，「か」系列不定代名詞類に属格助詞「の」が付いた形の不定決定詞の集合である．ただし，様態 (manner) の「どうか」から派生した決定詞は存在しないため，その部分は空欄となる．

(6) 　　　　　　　決定詞
　　person　　　誰かの
　　thing　　　　何かの
　　place　　　　どこかの
　　time　　　　いつかの
　　manner　　　——
　　amount　　　いくらかの，いくつかの

さらに，英語の some/any に対応するものとして，疑問決定詞「どの」などから派生した不定決定詞として，次のグループも存在する．[4]

(7) 　　　　　　　　疑問詞　「か」系列　「も」系列　「でも」系列
　'which'（決定詞）どの　　どれかの　　——　　　　——
　　　　　　　　　どちら　どちらかの　——　　　　——
　　　　　　　　　どっち　どっちかの　——　　　　——
　'what'（決定詞）　何　　　何らかの　　——　　　　——

しかしながら，リストはこれで完結ではない．「いずれ」「何者」「いかに」

---

[4] 一覧表の中に空白があるのは，世界の言語の体系によくみられるものであり，格別に問題とするには当たらない．

「いずこ」「なにゆえ」等の，古風な疑問詞から派生する不定代名詞類を加えれば，リストはますます長くなるが，ここでは割愛する．[5]

　表 (4) で注目すべき点は，第一に「どこも」が「も」系列の一員として入っていること，第二に「にも」「へも」系列が入っていないことである．本章の中心テーマとの関連で特に興味深いのは，日本語と英語の不定代名詞類にそれぞれ三系列があり，部分的に対応関係が認められる点である．しかし，日本語の「か」系列，「も」系列，「でも」系列と英語の some 系列，any 系列，no 系列との間には一対一の対応関係があるわけではない．先行研究でも，個々の不定標識の固有特性に関する記述は不十分である．次の Bhat (2000: 392) の記述をみてみよう．

(8)　日本語 (Martin (1975: 1073)，Hinds (1986a)) も同様である．「誰」等の疑問代名詞に助詞「も」を付けて anyone, everyone を表し，助詞「か」を付けて someone を表すことができる．

この記述は誤りではないにしても，単純すぎる一般化であって，次の (9)-(13) の事実が説明できない．

(9)　a.　<u>誰か</u>来ます．
　　　　'*Someone* will come.'
　　b.　*<u>誰も</u>来ます．
(10)　a.　<u>誰か</u>いますか？
　　　　'Is there *anyone*?'
　　b.　*<u>誰も</u>いますか？

---

[5]. ここでの考察とは直接関わらないが，形態論的にみると，日本語の「疑問／不定代名詞標識」には「ど系列」「な系列」「い系列」の 3 タイプがある．この点に関する類型論的観点からの研究は今後の課題である．

(11) a. *誰かいません。[6]
　　 b. 誰もいません。
　　 　 'There is *no one*.'
(12) a. 誰か来たら教えてください。
　　 　 'Please tell me if *someone/anyone* comes.'
　　 b. *誰も来たら教えてください。
(13) a. 誰か来ないと困る。
　　 　 'I will be in trouble if *none* of you comes. (*Someone* must come.)'
　　 b. 誰も来ないと困る。
　　 　 'I will be in trouble if *nobody* comes.'

Haspelmath (1997: 46, 75) は，英語と日本語の不定代名詞類を次のような図にまとめている．（詳細は第6節で解説する．）

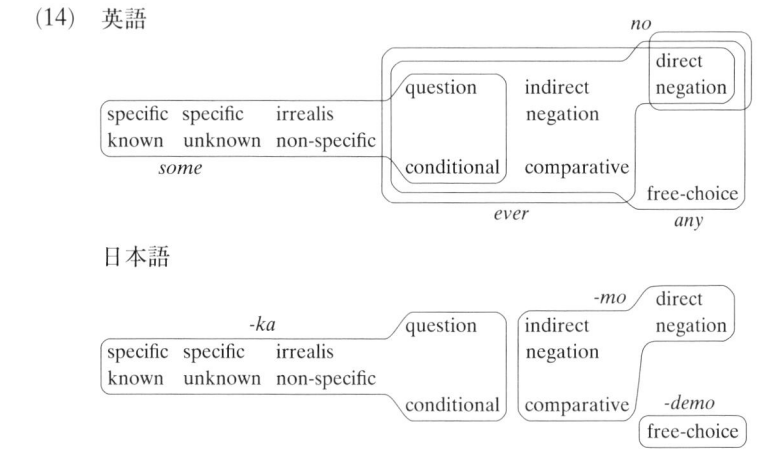

(14) 英語

```
                                                            no
                        ┌─────────┬──────────┬─────────┐  ┌──────────┐
                        │ question│ indirect │         │  │ direct   │
                        │         │ negation │         │  │ negation │
  ┌──────────┬──────────┤         │          │         │  │          │
  │ specific │ specific │ irrealis│          │         │  │          │
  │ known    │ unknown  │ non-    │          │         │  │          │
  │          │          │ specific│          │         │  │          │
  └──────────┴──────────┤         │          │         │  │          │
                        │conditional│comparative│       │  │free-choice│
                        └─────────┴──────────┴─────────┘  └──────────┘
         some                           ever                  any
```

日本語

```
                                 -mo     direct
                    -ka                  negation
          ┌──────────────┬──────────┐ ┌──────────┐
          │              │ question │ │ indirect │
          │              │          │ │ negation │
  ┌───────┼──────┬───────┤          │ │          │
  │specific│specific│irrealis│       │ │          │
  │known  │unknown│non-specific│    │ │          │  -demo
  └───────┴──────┴───────┤          │ │          │ ┌──────────┐
          │              │conditional│ │comparative│ │free-choice│
          └──────────────┴──────────┘ └──────────┘ └──────────┘
```

---

　6. 口語で，例えば，点呼した結果，一人足りないときなどに用いることはある．「誰かがいません」の口語版と考えられる．

これまでの考察から，日本語の不定代名詞類体系は，図 (14) ほどすっきりしたものでないことは明らかである．Haspelmath (1997: 85-86) は，日本語と英語を比較して次のように述べている．

 (15) 英語の some 系列は否定文にも生ずるが，否定のスコープ中にはないと解釈される．対照的に，日本語の「か」系列は否定文には生じない．一方，「も」系列は否定のみに用いられる．しかし，否定 yes/no 疑問文の場合にはこのような制約はない．McGloin (1976: 409) が指摘しているように，「か」系列の不定代名詞類が yes/no 疑問文に用いられるのは，前提が真であると話し手が確信し，肯定の答えを予想している場合である．

例として，次のペアを比べてみると，(16a) は情報提供を求める疑問文，(16b) は明らかに勧誘文である．

 (16) a. 何もお召し上がりになりませんか？
    'Are you not going to eat anything?'
   b. 何かお召し上がりになりませんか？
    'Why don't you eat something?'

しかし，「か」系列の不定代名詞類が否定と共起するのは，否定 yes/no 疑問文だけとは限らない．(16a) のように，話し手が肯定の答えを予想していない否定条件文にも生ずる．

 「も」系列について，Haspelmath は，(Bhat (2000: 392) とは異なり) 主たる出現環境は否定文であると述べている．確かに，「も」系列は否定となじみやすい傾向にあるが，実際は，以下のように否定文以外にも現れる．

 (17) a. どれも欲しい．
    'I want everything.'

　　　　b. ?どれでも欲しい．
(18) a. どちら様もお気をつけてお帰りください．
　　　　　'We kindly ask everyone to take care going home.'
　　　　b. *どちら様でもお気をつけてお帰りください．

(17) や (18) の例のような，肯定文中の「も」系列の生起を手がかりに考えていくと，NTT DoCoMo のネーミングはまさしく英語の anywhere の「自由選択」(free choice) 用法を意識したものであることが判明する．しかしながら，次の例からも分かるように，傾向として，「どこも」は否定と結びつきやすい．また，反対に「どこでも」は肯定的意味合いが強い．

(19)　A：　今度の連休に旅行しますか？
　　　B：　*私はどこ (へ) も行きます．
　　　B'：　私はどこ (へ) も行きません．
(20)　A：　今度の連休にどこかへ行きませんか？
　　　B：　私はどこ (へ) でも行きます．
　　　B'：　*私はどこ (へ) でも行きません．

NTT DoCoMo の場合と異なり，人気漫画『ドラえもん』に登場するタイムマシーンに類する未来型装置は，「どこでもドア」と名付けられている．ドアを開ければどこでも希望の時間と場所に行けるという夢のような装置である．この場合，日本語表現として「どこもドア」が成立しないという事実もまた極性の存在を裏付けている．

　Haspelmath は，「でも」系列を「選択自由」不定代名詞類として分類しているが，(17), (18) のような文脈では用いることができない．(8) の Bhat の観察はこのような事実に根ざしたものと考えられる．幅広い言語事実の調査が未実施のため，現段階では，日本語の三系列の不定代名詞類の分布について結論的なことは言えないが，少なくとも，(14) に引用した Haspelmath の分布図は部分的修正が必要である．[7]

---

　7. 「も」系列と「でも」系列の意味上の違いは，「分配的」(distributive) 対「非分配

英語に関する Haspelmath の分布図をみると，日本で一般に信じられている some-any 規則が誤りであることが的確に示されている．any が否定文や疑問文の中で機械的に用いられるという事実はなく，また some が any だけしか生じないはずの環境に生ずることもあるという点を捉えている．さらに，(16) でみたように，「か」系列と「も」系列の生起環境の違いは，英語の some/any についても同様に観察される (cf. Bolinger (1977: 24) など)．このように，一対一の包括的な対応こそないものの，英語と日本語の個々の不定代名詞類のレベルでは，通常考えられている以上に類似性が観察される．

## 4. 談話上の地位

前節でみたように，Haspelmath は，世界の言語を幅広く調査し，一般に，不定代名詞類が系列を成して存在すること，および，各系列が「人」，「事物」，「属性」，「場所」，「時間」，「様態」，「量」等の主要な存在論的カテゴリー (ontological category) に対応することを明らかにした．(3) は英語，(4) は日本語の例であった．また，Bhat (2000: 57) も，不定代名詞類の第一義的機能は人，事物，場所，時，様態等の「一般的概念」(general concept) を表示することであると述べている．次の英文では不定代名詞の指示対象のアイデンティティーは不明であるが，その理由は，何・誰であろうと関係ない（無関係）と話者が考えているか，あるいは分からない（正体不明）かのどちらかである．

(21) a. *Somebody* is at the door.
（玄関に誰か来ている．）

---

的」(non-distributive) 解釈の違いという観点から説明される可能性も考えられるが，結論は今後の研究に委ねられる．

b. Is there *anything* I can do for you?
（何か私にできることはありませんか.）

　Jespersen (1933: 180) は，不定決定詞 some の意味は「未知」(unknown) か「無指定」(unspecified) のどちらかであると記している．実際には，Du Bois (1980: 219) が (22) で述べているように，some は話し手と聞き手の双方に当該事物のアイデンティティーが分かっているときにも使用可能である．

(22) 私は友人に「私は人に手伝ってもらってイカを料理したことがある」(I made squid with *someone*'s help once) と言ったことがある．手助けしてくれたのは聞き手の知っている人だったので，名前を言うことはできた．しかし，話題が「私にイカ料理を作れるかどうか」だったので，その文脈の中では手伝ってくれた人の名前は関係ないと判断したので［someone と言ったので］ある．

このように，コミュニケーションの目的に照らして，指示対象のアイデンティティーが無関係かどうかを判断する権限が話し手にはある．次の例をみてみよう．

(21) c. *Somebody* told me so.
（誰かが私にそう言った.）

(21c) は，話し手と聞き手に somebody の指示対象の名前が分かっているときにも使える．このようなケースの場合，不定代名詞の選択は話し手の発話意図に基づいて決定される．話し手は，情報源は抜きにして，間接的な情報（「又聞き」）であることだけを伝えたかったのかも知れない．その際，情報源に関する詳細は不要と判断されていることになる．以上の考察から，不定代名詞類の非卓抜性の原則 (non-saliency principles) を次のように定めることができる．

(23) i. 不定代名詞類は，人，事物，場所，時間，様態等の一般的概念を指して用いられる．
   ii. 不定代名詞類は，当該の（人）物のアイデンティティーが不明である，伏せておきたい，談話のトピックと無関係，あるいは談話参与者の関心外と判断されたときに用いられる．

当該物のアイデンティティーが無関係であることを強調して，次のように，不定代名詞類に or other や or something が付け加えられることもある．

(24) a. *Someone* (*or other*) must have touched my papers since I went out.
   （誰かが私の留守中に書類をいじったに違いない．）
   b. She won a competition in *some* newspaper *or other*.
   （彼女はどこかの新聞のコンテストで優勝した．）
   c. The car hit a tree *or something*.
   （車が木か何かに衝突した．）

不定決定詞 some には，ときどき (25a, b) にみられるような「さげすみ」(contempt) の意味合いが伴う．それは，指示対象のアイデンティティーはどうでもよいとする話し手の態度，無関心から派生していると考えられる．一方，(25c) では肯定的態度が表明されている．この現象を，Haspelmath (1997: 113) は，基準反転 (scale reversal) と呼んでいる．[8]

(25) a. She says she doesn't want to spend her life in *some* moldy office.

---

8. 日本語の形容詞「凄い」が，「ぞっとするほど恐ろしい」というような否定的な意味から，「形容しがたいほど素晴らしい」という良い意味に変わったのも基準反転の例と考えられる．

(彼女は，カビ臭い事務所で人生を送るのは嫌だと言っている．)
b. She is always having trouble with *some man or other*.
(彼女はいつも男性がらみのトラブルが絶えない．)
c. I want to be *somebody* when I grow up.
(私は，大きくなったらひとかどの人物になりたい．)

## 5. 認知ファイルと二種類の不定性

　次に，不定名詞句（例: a man）と不定代名詞類（例: somebody）の談話機能上の違いを考察する．この問題を扱った文献は少なく，Du Bois (1980: 219-221) と Bhat (2000: 373-375) が貴重な先行研究である．Du Bois は，不定冠詞と不定代名詞はどちらもアイデンティティーが不明なものに用いられるが，不定冠詞にはもう一つの積極的な談話機能，すなわち「聞き手の意識の中に新しい認知ファイル（cognitive file）を作成する機能」があるとの指摘を行った．例えば，下記の (26) では，不定冠詞によって（どこか別のところで）指示対象を探す必要がないことを聞き手に知らせ，同時に新しい二つの認知ファイル（「特定の子供」のファイルと「特定の自転車」のファイル）の形成を指示する．

(26) ... *a kid* comes by on *a bicycle*.
(子どもが自転車に乗ってやってきた．)

このように不定冠詞を用いた言及によって新たに作り出されたファイルは，その後，新しい情報が加わるごとに，更新され続けていくという予想を生む．一方，不定代名詞類による言及はどうかというと，データ不足を理由に，Du Bois は決定的なことは述べていない．しかし，someone, somebody のような不定代名詞は，談話の中に再登場しない，重要でない人物に対して用いられる傾向が見受けられると述べている．

　Du Bois に続き，Bhat (2000: 373-375) も，不定名詞句と不定代名詞

類の談話機能の違いを研究し，不定名詞句の登場そのものが指示対象の定性付与につながることを指摘した．そこで話し手が嘘をついていても，聞き手は新しいファイルを作成するはめになる．Bhat によると，冠詞による不定性 (indefiniteness) は言語レベル ("verbal" level) で生じ，一方，代名詞類による不定性は「事実」，「架空」，「神話」，「夢」などの非言語レベル (non-verbal level) で生じるという違いがある．次の二文を比べてみよう．

(27) a. *A little girl* is singing, playing with *her* ball.
(小さな女の子がボール遊びをしながら歌を歌っている．)
b. *Someone* is singing my favorite song on television.
(テレビで誰かが私の好きな歌を歌っている．)

(27a) を聞いた人は，すぐに「小さな女の子」という認知ファイルを作成し，その後に引き続いて新しい情報が加わっていくことを予想する．不定名詞句の a girl は，それが発話された時点で即「定」になり，すぐ後の定名詞句 her ball 中の属格人称代名詞の指示対象となる．しかしながら，この定性は「言語レベル上の定性」であり，指示対象は話の中にしか存在しない．したがって，(27a) の後に (27c) を続けることはできない．

(27) c. Go and get the ball from *the little girl*.
(その女の子からボールをもらって来なさい．)

なぜならば，(27c) の文中の the little girl は同一の女の子への2度目の言及であり，言語文脈上，指示対象が「定」であることは確かであっても，聞き手には，現実世界の中でその子が同定不可能なため，(27c) の命令が実行不可能であるからである．

一方，(27b) の不定代名詞 someone は，「人物」という存在論的カテゴリーを表示しており，特定の人物の存在を断定している．それと同時に，その人物の詳細は不明であるとして，当該人物についてそれ以上話を続けるつもりがない．次の例をみてみよう．

(28) a. John is looking for *some* book on reserve (#and I know which one).
（ジョンはある指定図書を探している（#それがどれかを私は知っている）.）

b. Hortense is watching for *some* sailor who's due in port today. (#He is a friend of mine.)
（ホーテンスは今日入港予定の船員を待ちかまえている．(#その人は私の友達だ.)）

c. Ralph is worried because he lost *some* letter he was supposed to mail (#but I have it right here).
（ラルフは投函するはずだった手紙をなくして困っている（#だがそれを私は今ここに持っている）.）

(Warfel (1972: 43-44), quoted in Haspelmath (2000: 47))

(28) のそれぞれの例において，括弧内の文は話者による同定可能性を表示している．しかし，それは some のもっている談話上の意味と矛盾するため，本文に後続することはできない．これらの例に基づいて，Haspelmath は，「不定代名詞類は，話者による指示対象の同定不可能性を含意する」と述べている．しかし，前節でみたように，話者の知識の有無にかかわらず，指示対象のアイデンティティーがコミュニケーションの目的と関係ない場合には，不定代名詞類が使用できる．したがって，ここでの決定要因は，指示対象の同定可能性ではなく，談話上の卓抜性 (saliency) である．

　以上を総括すると，不定代名詞類の指示対象は，談話上重要でなく，引き続き話題になることがないゆえに，新しいメンタルファイルの作成を促さない．したがって，不定代名詞類の選択は，話し手による指示対象の同定可能性とは結びつかない．聞き手の側では，例えば someone と言われたら，それは引き続いて話題になる人ではなく，それ以降，追加情報は与えられないものと予測する．そこで，不定名詞句と不定代名詞類の談話機

能の違いについて，次の仮説を立てることができる．

(29) i. 不定冠詞 a/an を伴う不定名詞句は，「言語レベルの存在」を表示し，聞き手の頭の中に新規の認知ファイルの作成を促す．

ii. 不定代名詞類は，「非言語（事実，架空，神話，夢などの）レベル」の存在を指示すると同時に，当該（人）物についての情報の欠如，不十分，あるいは関連性のなさを表示し，新規ファイルの作成を要求しない．

## 6. 内在極性の不在

第3節で言及した極性について詳しく検討してみよう．(16) では，日本語の「か」系列／「も」系列と英語の some 系列／any 系列との間に語用論上の平行性がみられた．しかしながら，その平行性は絶対的なものではない．次の肯定疑問文では，英語のほうは some と any のどちらも可能であるが，日本語では「か」系列のみが許容され，「も」系列は不可能である．

(30) a. Was there *any*/*some* attempt at escape?
　　　（何か／\*何も脱走の企てはありましたか．）
b. Was *any*/*some* exception made?
　　　（何か／\*何も例外はありましたか．）
c. Has *any*/*some* rule been violated?
　　　（何か／\*何も規則違反はありましたか．）
d. Is there *any*/*some* cure for it?
　　　（何か／\*何も治療法はありますか．）

日本語の場合，否定文では「も」系列だけが可能である．

(30) a′. \*何か／何も脱走の企てはありません．

b′. *何か／何も例外はありません．
c′. *何か／何も規則違反はありません．
d′. *何か／何も治療法はありません．

(30′) の事実から，「か」系列は肯定と，「も」系列は否定と相性が良いという傾向がみられる．次に，否定疑問文では，「か」系列も「も」系列も可能である．

(30) a″. 何か／何も脱走の企てはありませんか．
b″. 何か／何も例外はありませんか．
c″. 何か／何も規則違反はありませんか．
d″. 何か／何も治療法はありませんか．

否定疑問文の場合，どちらの不定代名詞を用いるかは，話し手の心的態度によって決まり，特別な前提がないときには「か」系列が，存在への強い主張があるときには「も」系列が選択される．

英語の場合，これらの環境において，どちらの不定代名詞を採用するかに決定的関わりをもっているのは，話し手の予測である．すなわち，存在の前提や主張がない場合には any が用いられ，特定性 (particularity) や何らかの予測 (assumed something) がある場合には some が用いられる．[9] Haspelmath (1997: 82) は，日本語と英語以外にも，系統を異にする世界の多くの言語において，話し手の肯定的，否定的，中立的予想という語用論的要因が，条件文や（極性）疑問文における不定代名詞系列の選択に関わっているという調査結果を報告している．

---

9. Bolinger (1977: 29) は，some/any の選択に関わる微妙な否定／肯定の意味合いの違いを示すのに，次のような最小の対ともいうべき文を対照させている．すなわち，Don't do *anything* I wouldn't do. においては anything のほうが something よりいくらか落ち着きがよい．一方，Don't go and do *something* I wouldn't do. においては go and という表現がいくぶんか積極性を感じさせるために，something のほうが好ましいと説明している．

第6章　不定代名詞類の意味と談話機能　　131

　Haspelmath (1997: 33-34) は，また，いわゆる否定極性代名詞類 (negative polarity pronominal) が否定の環境に生じていても，必ずしも存在の否定につながらないタイプの言語があることを指摘している．そのような言語では，否定文だけでなく条件文，疑問文，比較の基準等においても否定極性代名詞類が現れる．英語もその一つであり，図 (14) が示すとおり，any は否定や疑問と直結しておらず，また any しか許容されないと予想されそうな環境に some が生じることもある．

　極性に関して，Bolinger (1977: 26) は，「some / any 自体には肯定の意味も否定の意味も含まれていない．もし不定代名詞類の体系と極性との間につながりがあるならば，それは「意味上の適合性」(semantic compatibility) によるものである」と主張している．すなわち，some が論理的に否定と結びつきにくい理由は，部分詞的な意味合いをもっているからであって，それが絶対否定 (categorical negation) と適合しないためである (Bolinger (1977: 33))．周知のように，some とりわけ something で始まる文の主動詞に not を付加しても，元の文を否定した意味にはならない．例えば，Something does not bore George. (ジョージを退屈させないものがある) は，Something bores George. (ジョージを退屈させるものがある) の否定ではない．

　any については，Jespersen (1933: §17.9.1) が「どれでもいいが一つまたは二つ以上 (one or more) を示す．ゆえに，否定や疑問を含む文 (疑問文や条件文) に頻繁に現れる」と述べている．Bolinger (1977: 33) もそれを継承して，any は「何でも，どれでも (whatsoever, no matter which)」を意味するとしている．その上で否定との適合性について，次のように論理的な解説を加えている．

(31)　any を否定と共に用いることで，「陳述を個々に否定し，その否定したものを結合する」ことができる．例えば，I don't have any friends. の意味は「私には友人 A がいない」+「私には友人 B がいない」+「私には友人 C がいない」+ ... ∞で，す

なわち「私には誰も友人がいない」が示される.

このように考えれば，any の否定との相性の良さ，否定文における高い出現率にもかかわらず，any と否定との間に直接的な結びつきが存在しない理由が説明可能となる．すなわち，any と否定との関係は文法的なものではなく，存在論的な意味での「意味上の適合性」の関係である．

## 7. 個体のアイデンティティー

第 3 節で紹介した Haspelmath の目録と図には，不定代名詞類のいずれについても，統一した語彙的説明が不在である．代わりに示されているのは，各代名詞系列についての基本的な機能別の用法と，不定標識の用法・機能との間にみられる二次元の含意関係である．具体的には，「特定かつ既知」(specific known)，「特定かつ未知」(specific unknown)，「非実在かつ非特定」(irrealis nonspecific)，「疑問」(question)，「間接否定」(indirect negation)，「直接否定」(direct negation)，「条件」(condition)，「比較」(comparative)，「選択自由」(free choice) の 9 つである．図 (14) は，この含意関係を図示したものである．これをみると，実際には，ほとんどの不定代名詞類系列の機能は一つではなく，複数の機能を兼ね備えていることが分かる．Haspelmath (1997: 59) はそれを「多機能性」(multifunctionality) という中立的表現で呼んでいる．意味が複数存在するのではなく，多義語 (polysemy) の特殊なケース，または「一般的な意味」(general meaning) をもっているとみなす立場である．[10] 多くの場

---

10. 「多機能性」は，他の文法項目，文法範疇にもみられるため，特別に目新しい概念ではない．例えば，英語の未来形は，単純未来時 (pure future time)，現在，意思 (intention)，総称的状況 (generic situation) を表すという多機能性を担っている．次の例は，Huddleston and Pullum (2002) からの引用である．
   (i)    He will be two tomorrow. ［未来］
        （彼は明日 2 歳になる．）

合，異なる機能間に明白な意味の違いは存在せず，意味の違いというより，別のコンテクストに由来する違いであることが認定できる．

不定代名詞類の本質的意味に関連して，ここでは「個体認定の不要性」をその中核的意味と考える．これは Haspelmath の含意関係図において最下段，右端に位置する「選択自由」用法・機能に一番近いものである．前節でみたように，any は指示対象の存在が前提も断言もされてもいないことを含意し，some は何かしら特定の存在を含意する．両者の違いは，意味の違いではなく含意の違いということになる．いずれにしても，発話時に，話者は指示対象のアイデンティティーについて無関心であり，具体的な個体認定は不要と判断しているのである．次の (32) は，some 系列でも any 系列でもたいした意味の違いを生じない例である．

(32) If you see *someone*/*anyone*, tell me.
（誰か見かけたら知らせてくれ．）

この例では，話し手は聞き手にその指示対象のアイデンティティーにはこだわらず，誰でも構わないということを伝えているのであり，どちらの不定代名詞が用いられようと意味には差がない．[11]

---

(ii) If he's still in Bath, he'll be at his mother's.　［現在］
（まだ彼がバースにいるとしたら，母親のところだ．）
(iii) I will be back before six.　［意思］
（6時前には戻ってきます．）
(iv) Oil will float on water.　［総称的状況］
（油は水に浮く．）

11. 話者の期待度が含意の違いとして存在し，「誰か来るはずだ」と思っているときには someone を用いるほうが普通である．

## 8. おわりに

本節では，英語と日本語の不定代名詞類の諸相を扱った．残された問題の中で特に興味深いものは，次の三点である．

(33) i. some 系列か any 系列かを選択する際に働く原理の究明
　　 ii. 不定代名詞類の歴史的発達に関する通時的研究
　　 iii. 不定代名詞類の使用域 (register)

(33i) について，今後，各々の代名詞類についてさまざまな文脈との適合性を調べていくことが必要である．追加例として，次の文における some と any は交換不可能である．

(34) You may come *any* day, but you must come *some* day (or other) to see me. 　　　　　　　　(Jespersen (1933: 181))
(いつ来てもいいが，いつかは私に会いに来なければならない．)

any 系列は，可能性を述べる文脈 (contexts of possibility) では容認可能であるが，義務を述べる文脈 (contexts of necessity) では容認不可能である．一方，some 系列は義務文脈には適合するが，可能文脈には適合しにくい．次の例をみてみよう．

(35) a. You can take any apple.
　　　　（どのリンゴを取ってもいいよ．）
　　 b. *You must take any apple.
　　 c. ?You can take some apple.
　　 d. You must take some apple.
　　　　（リンゴをどれか取らなければならない．）

(33ii) に関して，特に意義深いのは，世界の言語の中に疑問代名詞由来の不定代名詞をもつタイプが数多く存在するという事実である．現代英語

には疑問代名詞由来の不定代名詞類（例：somewhere, somewhat, anywhere）は少ないが，古英語では，例えばsomebodyに当たる言葉はnathwaであった．これは，「誰だか分からない」という意味のne wat hwaから派生している．Haspelmath (1997: 131) は，ne wat hwaがもともと（主文に間接wh疑問文が埋め込まれた形で）'(I) don't know who'を意味していたことに注目している．間接疑問文の大部分は，後に，なくても文脈から復元可能であるという理由で，間接疑問縮約（sluicing）操作により削除され，次いで，縮約された文全体が新たに別の文で名詞句の位置に現れるようになった．現代英語でも，例えば，次のように用いられる．

(34) She told him *I don't know what.*
（彼女は彼に何か分からないけど何かを伝えた．）

この現象を，G. Lakoff (1974) は「統語上の混交」(syntactic amalgam) と呼んだ．G. Lakoffの挙げている例は以下のようなものである．

(35) I saw you'll never guess how many people at the party.
（あなたが予想もしなかったほどたくさんの人がパーティーに来ていた．）

英語の歴史上，間接疑問縮約とそれに続く統語上の混交によって，疑問代名詞由来の不定代名詞が派生したというプロセスは想像に難くない．同様の派生プロセスは，フランス語など他のヨーロッパ言語でも観察されている．

(33iii) に関しては，先行文献が見あたらず，ジャンルごと，文体ごとの不定代名詞類の使用頻度に関する数量的調査の報告もない．これまでみてきたように，不定代名詞類は，話者の予測という主観的意味合いが内在するため，不明確，無頓着，感情的な表現を避けなければならない解説文や科学論文など，書記言語のジャンルでは現れにくいことが予想される．その一方，不定代名詞類は本質的に口語的性格を帯びており，個人間の非

公式なことばのやり取り (informal communication) や語り文 (narrative) や報告文の中で用いられやすい．しかし，この点を論証するためには，コーパスを用いた幅広い研究が必要である．

# 第Ⅲ部

## 副陳述

第 7 章

# 副陳述
――主陳述と共に伝達されるもう一つの意味――

## 1. はじめに

　この章では，「陳述」(predication)の観点から英語の単文を吟味し，主要な陳述，すなわち，「主陳述」(primary predication)のほかに，もう一つの陳述，第二の陳述 (secondary predication) あるいは「副陳述」と呼べるものが存在する構造について考察していく。[1]「陳述」の定義は研究者によって異なり，一致した見解はないが，原型的には，文中の主語と述語の関係を指し，主語についての主張・断言 (assertion) を行うのが陳述である．(ただし，ここで言う主語とは，[NP, S] に限らず，述語に対する解釈上の主語をも含む．) 一つの文に一つの陳述が対応しているというわけではなく，当然のことながら，複文には複数の陳述が含まれている．また，陳述の形態は多様であり，異なる言語ごとの多様性は言をまたない．ここで対象とする単文の種類はさまざまであるが，意味機能という観点か

---

[1]　英語で predication と呼ばれる関係は，日本語の「叙述」あるいは「陳述」というものに相当する．このうち，叙述という言い方は主述関係に限定されるニュアンスが強いため，ここでは，陳述という少々古めかしい響きのある，より適用範囲の広い表現を採用する．

ら眺めると，副陳述に共通する特徴が浮かび上がってくる．

本章の主要な論点は次の二つである．

(i) 副陳述のプロトタイプ的機能は「主陳述内容の特定化（多くの場合は範囲限定）」あるいは「論理的含意 (entailment) の明示」に集約できる．

(ii) 副陳述の多くは語彙特徴や構文に起因する．そのため，他言語への翻訳過程で抜け落ちる傾向がある．

## 2. 英語における副陳述

動詞が一つだけしかない単文中に，複数の陳述が含まれている例として，次の各文をみてみよう．

(1) a. Chris only drinks gin.
   （クリスはただジンを飲む．）
   b. Pat danced her weary.
   （パットは彼女を踊り疲れさせた．）
   c. I melted the butter.
   （私はバターを溶かした．）
   d. Dana taught him Japanese.
   （ダナは彼に日本語を教えた．）
   e. Lee kicked Kim into the room.
   （リーはキムを蹴っ飛ばして部屋の中に入れた．）

(1) の文はすべて主語の行為を描写しているものと解釈される．しかし，どれも主陳述と密接に結びついたもう一つの陳述を含んでいる．このうち，(1a) は，書き言葉の場合には二種類の解釈が可能性である．[2] その二

---

2. ここでは，有標文強勢 (marked sentence stress) や特別な文脈により生ずる有標

つの解釈は，副陳述を明示することによって，次のように弁別的に表すことができる．

 (2) a. Chris does not drink anything else.
    （クリスは他の酒は飲まない．）
   b. Chris does not prepare/produce/buy gin.
    （クリスはジンを準備したり／生産したり／買ったりはしない．）

書き言葉の場合，(1a) の日本語訳も同様に曖昧であり，英文と同様に副陳述を明示すれば曖昧性が解消される．[3]

 次に，(1b), (1c), (1d) をみると，それぞれ次のような「結果状態」(resulting state) を副陳述として含んでいる．

 (1) b′. She became weary.
    （彼女は疲れた．）
   c′. The butter melted.
    （バターは溶けた．）
   d′. He mastered Japanese.
    （彼は日本語を習得した．）

 (1e) の副陳述は「位置の変化」(change of location) であり，次のように明示できる．

 (1) e′. Kim's location changed from being outside to inside of the room.
    （キムのいる位置が部屋の外から中に変わった．）

---

の解釈は考慮に入れない．
 3. しかし，Chris only drinks gin. の訳として安易に与えられがちな「クリスはジンだけを飲む」という日本文は，曖昧ではなく，(2a) の解釈だけをもつ．

以下では，英語の単文に存在するさまざまな副陳述を取り上げて，それぞれの意味論上の機能について考察していく．

## 3. 焦点副詞

上記の (1a) は，「焦点副詞」(focus adverb) がもたらす副陳述の例であった．同様の例を以下に挙げる．

(3) a. You can get a B grade *just* for that answer.
b. *Even* Bob was there.
c. We bought some beer *as well*.
d. The girls *especially* objected to his manners.

(Quirk et al. (1985))

特別な文強勢やコンテクストがない限り，これらの文も (1a) と同様，潜在的に曖昧であるが，無標の解釈における副陳述はそれぞれ以下のようなものである．

(3) a′. You cannot get a B grade for anything else.
（その答え以外ではBがもらえない．）
b′. Bob was one of the least expected persons to be there.
（ボブは来る可能性が一番低いと思われていた一人だった．）
c′. We bought other things.
（ほかにも買ったものがある．）
d′. Other people did so, but not so much as the girls.
（ほかの人もそうだったが，女の子たちほどではなかった．）

これらの副陳述の明示により，各文のもつ意味の全体像が明確になり，曖昧性は解消する．

Quirk et al. (1985) によると，焦点副詞は，制限的なものと付加的なものの二種類に大別される．そのうち制限的副詞 (restrictive adverb) は，「焦点が当たっているところに関してのみ，その発話が真である」ということを示す機能を有する．それは，さらに排他的 (exclusive) なもの（例：(1a), (3a)）と特筆的 (particular) なもの（例：(3d)）の二つに下位分類される．一方の，付加的副詞 (additive adverb) は「焦点部分についても発話が真である」ことを示す機能をもつ（例：(3b), (3c)）．

## 4. 結果構文

Goldberg (1995: 3-4) は，英語の項構造を次の六つのタイプに分類している．

(4) (i) 二重目的語構文 (ditransitive)　X causes Y to receive Z
    [Subj V Obj$_1$ Obj$_2$]
    Pat faxed Bill the letter.
    （パットはビルに手紙をファックスで送信した．）
  (ii) 使役移動構文 (caused motion)　X causes Y to move Z
    [Subj V Obj Obl]
    Pat sneezed the napkin off the table.
    （パットは，くしゃみでテーブル上のナプキンを飛ばした．）
  (iii) 結果構文 (resultative)　X causes Y to become Z
    [Subj V Obj Xcomp]
    She kissed him unconscious.
    （彼女は彼にキスして気を失わせた．）
  (iv) 自動詞移動構文 (intransitive motion)　X moves Y
    [Subj V Obl]
    The fly buzzed into the room.

(ハエはブーンと羽音を立てながら部屋に入った.)

(v) 他動詞構文 (transitive)　X acts on Y
[Subj V Obj]
Pat cubed the meat.
(パットは肉を角切りにした.)

(vi) 所有構文 (possessive)　X acquires/possesses Y
[Subj V Obj]
Sam landed/secured a good job.
(サムはよい働き口を確保した.)

第5構文 (他動詞構文) と第6構文 (所有構文) は, 動作やプロセスをストレートに表現しており, 副陳述は含まない.[4] しかしほかの四つのタイプは, すべて命題中に動作の結果状態を表示する副陳述を含んでいる. このうち, 最初の3タイプにみられる副陳述は, 行為の「目的語」の状態変化に関するものである. それぞれを明示的に示すと, 次のようになる.

(5) a. Bill received the letter.
(ビルは手紙を受け取った.)
b. The napkin's location changed (from being on to off the table).
(ナプキンがテーブルの上から吹き飛んだ.)
c. He became unconscious.
(彼は意識を失った.)

第4構文の副陳述は「主語」の位置変化に関するものである.

---

4. 後にみるように, これらの文においても動作やプロセスの結果として生じる目的語や主語の状態の語用論的推測が可能である. しかし, それは, ここで考察の対象としている副陳述とは区別されるべきものである.

(5) d. The fly's location changed (from being outside to inside of the room.)

これらの副陳述の出処は, (5b), (5c), (5d) の場合, 文の主語・目的語と付加詞補語 (adjunct complement) の off the table, unconscious, into the room との関係として特定される. 一方, 二重目的語構文である (5a) には付加詞補語はないが, 構文自体が被動体の受け渡しの成功を保証している.

以下, さまざまなタイプの副陳述の属性を考察する.

## 5. 範囲限定機能

次は「力を行使する」動詞が用いられている例である.

(6) a. Martha pushed the cart.
   (マーサはカートを押した.)
   b. Martha pushed the cart *into the shed*.　〈endpoint〉
   (マーサはカートを押して物置に入れた.)　〈終点〉

(6a) では描写されている行為とそれによって起こる出来事に限界が示されておらず, 非有界 (unbounded) である. 一方, (6b) は有界 (bounded) であり, 前置詞句の存在により, 出来事の範囲が限定されている.[5] 後者は, 方向を表す前置詞句が結果状態 (The cart is in the shed.「カートは物置の中にある」) を表示する典型的な例である.[6] 陳述という観点からは,

---

5. 結果句が範囲限定機能をもつという事実は, 非限定的解釈をもつ文に結果句を加えてみれば明らかになる (Levin and Rappaport Hovav (1995: 56)).
   (i) The waiter wiped the table (in/for two minutes).
   (ii) The waiter wiped the table dry (in/*for two minutes).
6. Tenny (1987: 190) は, 動詞の意味に内在している終点を明示する場合に限り,

(6b) は，基本的には動作志向文であり，主陳述は主語の行為である．副陳述は，前置詞句によって表示される結果状態，具体的には，動作の影響を被ったものの行き着いた場所を表示する．

　ここでの主陳述と副陳述の関係は因果関係である．Croft (1991: 160) は，出来事の同定に関わる因果関係の基準を論じているが，それによると，(6b) のような文が成立するためには，個々の語彙項目内に因果関係が存在している必要がある．次の二つの文を比較してみよう．

　　(6)　c.　The boat sailed into the cave.
　　　　　　（ボートは洞窟の中へと航行して行った．）
　　　　d.　*The boat burned into the cave.
　　　　　　（≠The boat was burning as it entered the cave.）

(6d) が容認不可能なのは，ボートが燃えたことと洞窟に入ったことの二つの出来事の間に因果関係が想定し難いためである．同時に同地点で起こっても因果関係のない二つの出来事は，この構文によって結びつけることができないのである．

　Tenny (1987: 190) によると，動詞句には最大限一つの「範囲限定」(delimiting) 表現が付随でき，事態の「着点」(goal)，「目的」(aim)，「結論」(conclusion) などを示す．そのうち，結果状態を表すことができるのは着点表現のみである．

　　(6)　e.　The rat ran *under the table*.
　　　　e′.　The rat is now hidden under the table.　〈goal〉
　　　　　　（ネズミは今テーブルの下に隠れている．）〈着点〉

---

前置詞句が着点句 (goal phrase) として機能し得ることを指摘している．例えば，eat an apple to the core （りんごを芯だけになるまで食べる）という表現における前置詞句の機能は，出来事の終点を指定することである．

e″. The rat did consecutive movement of running.

⟨location⟩

（ネズミは継続的に走る動作を行った．）　　⟨位置⟩

(6e) は (6e′) と (6e″) という二つの解釈が可能である．しかし，ネズミが結果的に到達した位置を示す副陳述が検出されるのは，(6e′) だけである．

## 6. 結果項構文

本節では，さまざまなタイプの結果項を含む構文 (resultative argument construction) にみられる副陳述について検証を行っていく．最初に，到達状態 (achieved state) を指定する限定形容詞 (delimiting adjective) を伴っている例をみてみよう．

(7) a. Tom painted the fence *blue*.
  （トムはフェンスを青く塗った．）
 b. Pat grew *old*.
  （パットは年老いた．）

(7a) の主陳述はトムがフェンスにペンキを塗った行為であり，副陳述は結果としてフェンスが青色になったことである．(7b) の主陳述は，パットが年を重ねていったというプロセスで，副陳述は彼が年老いたという結果状態である．

次のような，非使役動作動詞 (non-causative action verb) を用いた結果構文では，結果状態は語彙的に指定されている．

(8) a. Mary kissed him *unconscious*.　(cf. (4iii))
 b. Pat danced her *weary*.　(= (1b))
 c. She laughed him *into silence*.
  （彼女は笑って彼を黙らせた．）

前節のケースとは異なり，(8) のイタリック体の形容詞や前置詞句は出来事の終点を示す限定要素ではなく，行為の結果としての「被動体の状態」を示している．これらの例における主陳述は動作主の行った行為であり，被動体の結果状態が副陳述である．このような二重陳述システムは，Goldberg (1995: 62) の因果関係仮説 (9) に違わず，行為と結果状態の間の直接的因果関係に適合している．

(9) 因果関係仮説：
動詞が表示する意味と構文が表示する意味は，(時間的に近接した) 因果関係によって統合されていなければならない．

次に，不定詞補語の例をみてみよう．

(10) a. Mary sang the baby *to sleep*.
（メアリーは歌を歌って赤ん坊を寝かしつけた．）
b. John persuaded Mary *to come*.
（ジョンはメアリーに来るように説得した．）

表面的には，(10) の二文は同じタイプにみえるが，実際には基底構造や陳述システムが異なっている．これらの統語構造については，理論的に異なるさまざまな説明が存在しているが，詳細はここでは触れない．両者が異なることは，(10a) は受動態にならないのに対して (10b) はなるという事実だけからでも明白であろう．

(10) a′. *The baby was sung by Mary to sleep.
b′. Mary was persuaded by John to come.

sing は自動詞であり，(10a) が単文であることは明らかである．この文の主陳述はメアリーが歌を歌って赤ん坊に聞かせたという行為であり，副陳述は赤ん坊が眠りについたという結果状態である．表面的には似ていても，(10b) のほうは複文であり，このタイプは本章における考察の対象外になる．

## 7. 使役移動構文

次に，場所を表す前置詞句を伴った例を考察してみよう．次の構文は，Goldberg (1995) が使役移動構文 (caused-motion construction) と呼んだものである．

(11) a. She put the phone on the desk.
 　　　（彼女は電話を机の上に置いた．）
　　 b. Lee kicked Kim into the room. 　(＝(1e))
　　 c. Pat sneezed the napkin off the table. 　(cf. (4ii))

表面的には，主語—動詞—目的語—場所句という順序で要素が並んでいて，同一の構造のようにみえるが，上の三文の構造は異なっている．(11a) の put は，使役移動を示す位置変化動詞 (change of location verb) であり，被動体目的語 (patient object) の移動先を示す位置句の存在が不可欠である．しかし，(11b) の kick と (11c) の sneeze の場合は，位置表現の存在は義務的ではない．前者は Kim を目的語とする典型的な他動詞であり，主語と目的語以外の項は不要である．後者は主語以外に項をとらない完全自動詞であるため，(11c) の the napkin は文法上の目的語ではない．しかしながら，(11) のどの文にも，動かされたものが結果として到着した場所を示す副陳述が，次のとおり存在している．

(11) a′. The phone is on the desk.
 　　　（電話は机の上にある．）
　　 b′. Kim is in the room.
 　　　（キムは部屋の中にいる．）
　　 c′. The napkin is off the table.
 　　　（ナプキンはテーブル以外の場所にある．）

次に，語彙統語的交替 (lexico-syntactic alternation) の例を考察する．

(12) a. He loaded eggs into the basket.
　　　　（彼は卵をかごに入れた．）
　　 b. He loaded the basket with eggs.
　　　　（バスケットを卵でいっぱいにした．）
(13) a. She sprayed water onto the flowers.
　　　　（彼女は噴霧器で花に水をかけた．）
　　 b. She sprayed the flowers with water.
　　　　（彼女は噴霧器で花全体に水をかけた．）

これらの意味論的相違を説明するには，Pinker (1989) の「全体性要件」(holistic requirement) が有用である．

(14) 「全体性要件」：
　　　文法上の目的語は全面的な影響の対象となる．
　　　　　　　　　　　　　　　　　　　　　(Pinker (1989: 67))

(14) によると，文法上の目的語は動詞が示す作用の影響を完全に受ける．ここでの議論との関わりで考えると，(12)，(13) において主陳述として述べられている行為については，どちらの構文でも変わらないが，副陳述で述べられている結果状態には，次のような違いが存在する．

(12) a′. Eggs are in the basket.
　　　　（卵はかごの中にある．）
　　 b′. The basket was full of eggs.
　　　　（バスケットは卵でいっぱいになっている．）
(13) a′. Water is on the flowers.
　　　　（水が花にかかっている．）
　　 b′. The flowers are covered with water.
　　　　（花全体に水がかかっている．）

次の例は，「置く・除く」タイプの動詞 (verb of putting/removing) の

例である.

(15) a. Betty put butter on the bread.  (cf. (11a))
(ベティーはバターをパンに塗った.)
b. Betty buttered the bread.
(ベティーはパンにバター塗りをした.)
(16) a. Jim removed peel from the apple.
(ジムはリンゴの皮をむいた.)
b. Jim peeled the apple.
(ジムはリンゴの皮むきをした.)
(17) a. Jack put the money into his pocket.  (cf. (11a))
(ジャックはその金をポケットに入れた.)
b. Jack pocketed the money.
(ジャックはその金をポケットに仕舞い込んだ.)

いずれも,主陳述により主語の行為を述べているが,(a) 文には次のような副陳述が含まれており,(b) 文には副陳述がない.

(15) a′. The butter is on the bread.
(パンにバターが塗られている.)
(16) a′. The peel is off the apple.
(リンゴの皮がむいてある.)
(17) a′. The money is in his pocket.
(お金は彼のポケットに入っている.)

これら (a) 文の副陳述は,目的語の結果状態や到着点を示している.
次の文は,容器名詞が目的語になっている例である.

(18) We emptied the tank into the sink.
(タンクの中身を流しに捨てた.)

この文の目的語である the tank は,容器ではなく内容物に言及している.

前置詞句 into the sink は，(この文からだけでは正体の分からない) タンクの内容物の移動先を示している．(18) の主陳述はタンクを空にした行為であり，副陳述は中身が流しに消えたという結果状態である．

## 8. 語彙的限定

次は，「語彙的使役 (lexical causative) 交替」や「反使役 (anticausative) 交替」と呼ばれる対の例である．

(19) a. I melted the butter. ( = (1c))
(私はバターを溶かした．)
b. The butter melted.
(バターが溶けた．)
(20) a. John rolled the ball.
(ジョンがボールを転がした．)
b. The ball rolled.
(ボールが転がった．)

語彙的使役交替は，melt, roll のような，状態あるいは位置の変化を示す動詞（状態変化動詞）にみられるものであり，これらの動詞は結果状態を語彙的に表示する．(a) 文では原因と結果が示され，(b) 文では，結果状態のみを示し原因には言及しない．

次は，交替不可能な例である．

(21) a. He broke his promise/the contract/the world record.
(彼は約束／契約／世界記録を破った．)
b. *His promise/The contract/The world record broke.

Levin and Rappaport-Hovav (1995: 105) による (21b) の非文法性の説明は以下のとおりである．すなわち，「状態変化動詞 break が promise, contract, world record のような抽象名詞の目的語を伴う場合，動作主の

存在なしでは指示する事態が成立しないため，動作主を話題にしないこと自体があり得ない」というのである．したがって，(21b) に示すように，このタイプは脱他動詞化（detransitivization）が不可能で語彙的使役交替は起こらない．しかし，(21c) のような，これらの目的語を主語にした受け身形は可能である．

(21) c. His promise / The contract / The world record was broken.
（彼の約束／契約／世界記録が破られた．）

(21b) が非文で (21c) が文法的なのはなぜだろうか．その答えのカギは二つの構文の談話機能（discourse function）の違いにある．すなわち，脱他動詞化は原因を当初から不問に付しているのに対し，受け身形（passivization）は動作主の存在を前提としている．受け身形は，動作主の格下げや不表示を伴うが，事態が何らかの原因や動作主の存在によって成立していることを形態上示しているのである．受け身形のもつ陳述の特徴については，第 10 節で扱うことにする．

脱他動詞化は次のような場合でも可能である．これらの例では，(19b)，(20b) と同様に，動作主以外の外的要因によっても事態が成立するからである．

(22) a. I solidified the mixture. / The mixture solidified.
（私は混合物を固めた／混合物が固まった．）
b. The cook caramelized the sugar. / The sugar caramelized.
（コックは砂糖をカラメル状にした／砂糖がカラメル状になった．）

(22) の他動詞文における主陳述は「動作」(action) であるが，自動詞文における主陳述は「過程」(process) である．しかし，他動詞，自動詞どちらの場合も動詞の意味の中に結果状態の達成が含まれている．次の例の

自動詞文は結果句（resultative phrase）を伴っている．

  (23) a. The river froze *solid*.
      （川はかちかちに凍った．）
    b. The climbers froze *to death*.
      （登山者たちは凍え死んだ．）

このような例の場合，結果句の付加によって生まれる副陳述は，達成された状態を「特定化」(specify) する機能をもっており，結果状態の程度やレベルを具体的に示すものである．

 次の文は，いわゆる「一項一変化の法則」(one argument one change rule) の例外である．

  (24) a. We broke the walnuts *into the bowl*.
      （私たちはクルミを割ってボールに入れた．）
    b. We sliced the mushrooms *into the bowl*.
      （私たちはマッシュルームをスライスしてボールに入れた．）

この構文の適格性については次のように説明できる．すなわち，これらの文の被動体は，形状変化と位置変化という二つの変化を経るが，一番目の変化は，前置詞が表示する二番目の変化を被る前にすでに完了している．つまり，動詞の示す動作による影響を受けて形が変わり，その後に移動しているのである．そこで，(24) の文には次のような副陳述が存在することが認定される．

  (24) a′. The broken walnuts are in the bowl.
      （割ったクルミがボールに入っている．）
    b′. The sliced mushrooms are in the bowl.
      （スライスしたマッシュルームがボールに入っている．）

 次に way 構文をみてみよう．

(25) a. Pat fought her way *into the room.*
(パットは苦労して部屋に入った.)
b. Volcanic material blasted its way *into the surface.*
(火山性噴出物が地表に吹き出てきた.)
c. The hikers clawed their way *to the top.*
(ハイカーたちは,頂上に這い上った.)

いずれの文にも,行為を示す主陳述と達成された状態を示す副陳述が含まれている.

## 9. 二重目的語構文

次に,二重目的語構文 (ditransitive construction) を使役移動構文と比べてみよう.

(26) a. Dana taught him Japanese.　(＝(1d))
b. Dana taught Japanese to him.

(26a), (26b) の主陳述は等しく行為を示すものであるが,両者には副陳述の有無による意味上の相違が存在する.二重目的語構文の (26a) が,知識移動の成功,すなわち,「彼は日本語を習得した」を表示する一方,使役移動構文の (26b) は,そのような意味をもたない.この違いについては,(14) の「全体性要件」を敷衍することにより,納得のいく説明が可能となる.つまり,(14) の要件の「文法上の目的語」を「動詞に直続する名詞句」と読み替えるのである.(26a) の him は動詞に直続しているために Dana による日本語教育の影響を全面的に受けると解釈される.一方,(26b) の him は斜格の位置にあり,行為の意図された受け手にすぎないという解釈を受ける.

Pinker (1989) によると,teach は与格をとる動詞の一種である「伝達メッセージの動詞」(verb of communicated message) に属する.その他

の与格をとる動詞のタイプとしては，内在的授与行為を表す give, sell の類，移送動詞 (verb of sending) の send, mail，創造動詞 (verb of creation) の bake, build，取得動詞 (verb of obtaining) の get, buy などがある．これらの動詞は，(26) と同じく，二種類の構文に生じ，同様の意味の違いを呈する．[7] しかしながら，Goldberg (1995: 54) が指摘するように，与格をとる動詞を巡っては他の要因の介在も見過ごすことができない．次の例をみてみよう．

(27)　a.　Joe kicked *Bill* the ball.
　　　　　（ジョーはビルにボールを蹴った．）
　　　b.　Joe kicked the ball *to Bill*.
　　　　　（ジョーはボールをビルに向けて蹴った．）
　　　c.　Joe kicked the ball.
　　　　　（ジョーはボールを蹴った．）

「蹴る」(kick) 行為が成立するために必要不可欠な意味役割は，動作主（「蹴る人」）と被動体（「蹴られるもの」）だけであり，(27c) は文として完結している．(27a) は，形の上では二重目的語構文に似ているが，受け手の存在は kick にとって義務的ではないため，Bill は動詞の表す行為の参与者としての資格をもっていない．(27) で受け手役割の存在に寄与しているのは構文であり，伝達の成功を表示する副陳述（「ビルはボールを受け取った」）は構文から生み出されているものである．また，使役移動構文の (27b) では，付加詞である前置詞句が副陳述（「ボールが蹴られた方向はビルの方向だった」）を担っており，主陳述が表す瞬間的使役行為の意図された受け取り手を表示している．

---

　7.　創造動詞と取得動詞の使役移動構文の場合には，to ではなく，for に導かれる前置詞句が生じ，行為の意図された受益者 (beneficiary) を表示する．

## 10. 受け身文

第8節で，受け身文の陳述特徴に触れたが，本節でさらに別の側面を考察する．最初に次の四つの文をみてみよう．

(28) a. Betty shot John.
（ベティーはジョンを撃った．）
b. John was shot.
（ジョンは撃たれた．）
c. John was shot by Betty.
（ジョンはベティーに撃たれた．）
d. John was shot dead.
（ジョンは撃たれて死んだ．）

(28a) は，主語の行為を叙述する能動文であり，副陳述を含まない典型的な動作文である．残りの (28b), (28c), (28d) は受け身文である．このうち，(28b) は単に主語の不幸な運命を述べ，(28c) は前置詞句の存在によりその原因に言及しているが，どちらにも副陳述は含まれていない．(28d) には形容詞が付加され，結果状態を特定する副陳述が含まれている．

次に，場所を主語にした受け身文のタイプをみてみよう．

(29) a. This bed was slept in by George Washington.
（このベッドにはジョージ・ワシントンが寝たことがある．）
b. ?This bed was slept in by John.
（このベッドにはジョンが寝たことがある．）

(29a) は適格で，(29b) は容認可能性が低いという違いについて，統語的に説明することは不可能である．ここに関係しているのは，「特殊な結果」を表す副陳述の存在である．すなわち，(29a) の主陳述は「ジョージ・ワシントンが寝た」という事実であり，副陳述は「このベッドには，その事

実にまつわる付加価値がある」という主語の特徴付けである．(29b) の不適格性は，主陳述と副陳述の不適合に基因するものであり，ジョンという名前の一般人が寝たことがあるという事実からは，ベッドの特徴（付加価値）は生まれないのである．

最後に，状態動詞が受け身文に生じている例をみてみよう．

(30) a. This book is owned by the library.
（この本は図書館の所蔵である．）
b. The morning star was believed to be different from the evening star.
（明けの明星は宵の明星とは別のものと信じられていた．）

これらの受け身文には付加詞の存在が不可欠であり，(28b) のパターンの文は成立しない．

(30) a′. *This book is owned.
b′. *The morning star was believed.

このタイプでは，付加詞によって初めて陳述（主陳述）が成立しているのであり，副陳述は存在していない．

## 11. おわりに

以上，英語の単文における二重陳述現象を概観した．陳述システムと韻律の関連については述べてこなかったが，これは残された大きな問題である．例えば，第2節で取り上げた焦点副詞はいずれも強勢を担っている．また，構文に由来する副陳述関連要素も強勢を担うことが多い．それは，無標の場合，文の焦点は後方にあって，文強勢も後ろにくることが多いことと関連がある．

対照強勢によって副陳述が生まれることもある．次の例をみてみよう．

(31) a. Lenin DIED.
　　 b. JOHNSON died.[8]

(31a) は，無標の韻律パターンをもち，主陳述として，レーニンが死んだことを述べている．この文には，「彼が死ぬことは予想されていた」という意味合いが副陳述としてある．それはどこからくるかというと無標の韻律によってもたらされるものである．一方，(31b) は有標の韻律で発音され，ジョンソンの死というニュースを主陳述として伝えている．主語 (JOHNSON) に置かれた有標強勢から「彼の死は予想されたものではなかった」という副陳述が生まれている．

　副陳述の文法的地位と意味論的特徴については，多くの問題が残されている．副陳述と，言外の意味 (connotation)，論理的含意 (entailment)，推論 (inference)，語用論的含意 (implicature) のような概念との関係も明確になっていない．他言語との比較も手つかずのままである．少なくとも日本語との関連でいえば，ここで扱った類いの副陳述は，少数の例外を除き，日本語による直訳には存在しない．ほとんどの日本語の単文は動作のみを示し，結果を示すことはないからである．「翻訳によって抜け落ちてしまう意味」という観点からも，この分野の研究の進展により，言語の対照研究に新しい地平が開かれていくことが期待される．

---

8. (31) は，1999 年イリノイ州立大学アーバナシャンペーン校におけるアメリカ言語学会主催 Linguistic Institute で行われた Ellen Prince の講義からの引用である．

第8章

# 概念化様式と統語のインターフェース
―― 英語の他動句動詞構文 ――

## 1. はじめに

本章では,英語の他動句動詞 (transitive phrasal verb) 構文における語順交替現象と概念化の様式についての考察を行う.[1] 例文 (1) をみてみよう.

(1) a. He *ran up the bill*.
b. He *ran the bill up*.
（彼は勘定を滞らせた.）

(1) にみられる語順交替は,不変化詞移動規則 (particle movement) という統語規則によって関係付けられ,意味の違いを伴わない文法上の変異

---

[1] この構造については,「動詞―不変化詞結合」(verb-particle combination),「二語動詞」(two-word verb) をはじめ,さまざまな呼称があるが,ここでは,伝統的に広く用いられてきている句動詞という名称を用いることにする.
また,句動詞に,イディオム化された連語動詞（例: put an endo to, make a point of, take care of) を含める考え方もあるが,ここでは「動詞＋不変化詞」タイプのみを考察対象とする.

であると考えられてきた．しかし，談話語用論的観点からは，この二つの構文間に微妙な意味の差が観察される．場面や状況によって，どちらか一方が他方よりもふさわしいと判断されることがあり，無条件の自由交替形とはいえない．不変化詞と目的語の語順決定には，以下にみるように，概念化様式の違い，「行為志向」(action orientation) 対「結果志向」(result orientation) という二項対立等，複数の談話要因 (discourse factors) が関わっている．

(1) の句動詞 run up は，動詞 run（走る）と不変化詞 up（上へ）の原型的意味 (prototypical meaning) をそのまま足し算しても得られない，いわばイディオム的な意味（「膨れ上がらせる」）をもっている．このように，句動詞には構成要素の意味の和が全体の意味と等しくない，非構成的 (non-compositional) な意味をもつものが多く，ある種メタファー的な概念化様式が認定できる．その一方で，gather together（集める），throw out（投げ出す）のように，文字どおりの意味の和として解釈され，自由な結合とみなせるものも存在している．いずれの場合も，単一動詞 (single verb) とは異なる，句動詞独特の概念化がその形に反映されている．

他動句動詞構文にみられる語順交替をめぐる従来の見解には，大きく分けて三種類ある．一つ目は，(1) の二文を自由交替とみる統語論中心の立場であり，広く支持されている．それによると，(2b) のように，目的語が強勢のない代名詞であるときは，例外的に不連続形のみを文法的とするが，それ以外の場合は，基本的にどちらの語順も自由に用いられると考える．

(2) a. *Give up it.
    b. Give it up.
      （あきらめろ．）

二つ目は，(2) のように，目的語が強勢のない代名詞であるとき以外は，不連続形を非標準的 (nonstandard) とする規範文法的な見解である．Kroch and Small (1978) の行った社会言語学的調査によると，この規範

文法の考え方に影響されて，(1b) タイプの不連続依存構造（discontinuous dependency）の使用を意識的に避ける人が多いという事実が判明している．[2] しかしながら，実際に自然言語のデータをみると，不連続依存構造タイプは，あらゆるところに用いられており，特に語り文（narrative）には頻繁に登場する．

　三つ目は，不変化詞と目的語の交替が完全に自由なものではないとする立場であり，この中でも，語順決定に関与する要因を一つとする立場と，複数あるとする立場に分かれる．前者は「情報処理上の能率」(processing efficiency) という要因のみで説明しようとするもので，最近の研究では，例えば，Lohse, Hawkins and Wasow (2004) がこの考え方を採っている．後者は種々の要因により左右されるとする機能・語用論的立場である．この見方によると，「不変化詞の位置決定」(particle positioning) は，語用論的要因や情報処理上の必要性によって決まる．

　自然言語のデータを詳しく考察すると，不変化詞の位置決定に複数の要因が絡み合っていることは明らかである．例えば，Bolinger (1971) は常識的な事項として次のような要因の存在を指摘している．

> (3) 他動句動詞構文にみられる語順決定の主たる要因はニュースバリューである．(News value is the primary determinant of word order for transitive phrasal verbs.)
>   i. 強勢をもたない目的語が句動詞中に介在できるのは，それが「前提とされた」項目であるためである．(The unaccented mid-position of objects correlates with presupposed items.)

---

2. 目的語が不変化詞の後に位置する形のほうが好まれるという，規範文法的な考え方の背景には，不連続形を避けたいという意識がある．一般に，形式と意味の間に一対一の対応があるのが望ましいと考えられているからである．

　　　　ii. 強勢をもった目的語が句動詞に後続するのは，その「新しさ」のためである．(The accented end-position of the object indicates the newness of the object.)

Bolinger (1971) から 18 年後，Gries (1999) には次のような主張がみられる．

　(4)　不変化詞と目的語の交替は，目的語名詞句の接近可能性 (accessibility) と情報処理の必要性 (processing requirement) によって説明される．

この Gries の仮説には，(5) にリストアップしたすべての要因が組み込まれている．

　(5)　i. 直接目的語の種類—完全名詞句 (a full NP) か代名詞か
　　　ii. 直接目的語の強勢の有無
　　　iii. 直接目的語の長さや複雑さ
　　　iv. 方向を示す副詞類が後続しているかどうか
　　　v. 名詞あるいは動詞を修飾しているかどうか
　　　vi. 慣用句化の程度
　　　vii. 直接目的語のニュースバリュー
　　　viii. 後続文脈での言及回数
　　　ix. 次に言及されるまでの距離

Gries は，これらの要因によるそれまでの諸説を検証し，それぞれの欠陥や反例の存在を指摘した．その上で，(5) の大半は，聞き手が直接目的語を情報処理する際，どれほどの意識的努力が必要かに関する，話し手の判断に由来するものであると論じている．

　本章では，Bolinger (1971)，Gries (1999) の知見を受け継ぎながら，動詞と不変化詞の分離可能性だけではなく，これまで未開拓であったこの交替に関わる意味・談話機能と統語形式のインターフェースに焦点を当てていく．具体的には，主として語り文からの言語データを用い，不変化詞

が目的語の後に位置する「有標構文」は，意味内容に「副陳述」(secondary predication) を含み，結果構文 (resultative construction) に近いものであることを論証する．考察を進めるにあたり，「句動詞とは何か」という定義の問題も必然的に浮上してくるが，最終的には，句動詞性の強さに段階性が存在すること，および，句動詞とその類似構造との境界の線引きは難しいという事実を認定する．[3]

## 2. 行為志向 vs. 結果志向

句動詞を構成する不変化詞は，動詞が表す動作 (action) や過程 (process) の結果状態 (resulting state) を物理的あるいは抽象的に示す機能を担っている．この観点から句動詞構文によるコード化を分析すると，そこに動作・過程と結果状態という二つの事象が含まれていることが判明する．次の例をみてみよう．

(6) a. This proposal had the effect of *cheering Harry up* a great deal.　　　　　　　　　　　　　　　　　　[P][4]
　　　　（この提案を聞いてハリーはとてもうれしかった．）
　　　　過程：提案がハリーを元気づけた．
　　　　結果状態：ハリーがうれしくなった．

---

3. これは，例えば，他動性 (transitivity) 等，他の多くの認知現象，言語現象にも共通する特徴である．
4. [P] はそれ以降の例が Harry Potter シリーズからの，また，[C] は Arthur C. Clarke の SF 小説からの引用であること，[B] は Bolinger の著作からの借用であることを示す．
　　Arthur C. Clarke. 1957. *Tales from the White Hart*. New York: Ballantine Books.
　　J. K. Rowling. 1997. *Harry Potter and the Philosopher's Stone*. London: Bloomsbury.

b. A moment later he *had pulled the Pocket Sneakoscope out* from between Harry's robes.
(そこですぐ,彼はハリーのガウンの中からポケット判スニコスコープを取り出した.)
動作:彼がポケット判スニコスコープを取り出した.
結果状態:ポケット判スニコスコープが外に出ている.

句動詞をめぐるこれまでの研究において,構造の意味を論じたものは少なく,語順と意味の関係を扱ったものはさらに少ない.不変化詞の位置変化がしばしば意味の違いを引き起こすことに言及したのは,Bolinger (1971: 82-90) が最初である.Bolinger は,(i) 句動詞は「行為」と「結果」の両方の意味を含んでおり,(ii) 不変化詞の位置変化によりクローズアップされる焦点の位置が変わる,という談話語用論上の違いを指摘している.次の対になった文の焦点を比べてみよう.

(7) a. He knocked out Joe Frazier. [B]
焦点:ジョー・フレージャーに KO 勝ちした.
b. He knocked Joe Frazier out.
焦点:ジョー・フレージャーは立ち上がれない.

Bolinger の所見は理論化されたものではないが,言語表現の形式と意味の間にみられる,ある種のアイコニック (iconic) な関係の存在についての注目すべき指摘である.統語論上,(7a) は,V+P で 1 語とみなされて,SVO 構造と分析され,不変化詞は述語付加詞の位置を占めている.一

---

J. K. Rowling. 1998. *Harry Potter and the Chamber of Secrets*. London: Bloomsbury.
J. K. Rowling. 1999. *Harry Potter and the Prisoner of Azkaban*. London: Bloomsbury.
J. K. Rowling. 2000. *Harry Potter and the Goblet of Fire*. London: Bloomsbury.

方，(7b) の構造はより複雑で，Joe Frazier は動詞 knock の目的語であると同時に，二次述語 out の意味上の主語でもある．すなわち，(7a) では knock と out が結合して「徹底的に打ちのめす」という行為を示す動詞として機能しているのに対し，(7b) では「打撃を与える」という行為と「相手が（気を失って）倒れた」という結果の二つに分かれた形で表示されており，結果構文によく似た構造となっている．

厳密に言えば，「行為」と「結果」の意味はどちらの構造にも存在するが，(7a) は行為志向，(7b) は結果志向が強いという違いがある．そこで，語順の選択に影響する要因の一つとして，「行為志向」対「結果志向」という対立の存在を認定し，次の仮説を立てることにする．

(8) 志向仮説 (orientation hypothesis):
他動句動詞構文において，不変化詞が動詞の直後に位置するタイプは「行為志向」の概念化を，不変化詞が目的語の後に位置するタイプは「結果志向」の概念化を標示する．

この仮説は，句動詞が常に「行為」と「結果」の両方の意味を含むという事実を否定するものではない．（不変化詞と目的語の）位置の交替にかかわらず両者が存在することを認めた上で，事象の概念化と不変化詞の位置との間に直接的な関連性があることを述べたものである．意味として捉えられる違いは微妙だが，話し手（書き手）は文脈の必要に応じてどちらかの語順を採用する必要がある．例えば，上記 (6) の二文では行為・過程よりも結果状態に焦点が当たっている．同様に，次の各例においても焦点は結果状態にあると解釈される．

(9) a. Don't *let that thing out*! [P]
（そいつを外に出すな）
b. Yvonne even *got her gun back*. [C]
（イヴォンヌは銃をも取り戻した．）
c. 'Get out of the way,' said the manager impatiently,

*brushing Harry aside*.  [P]

(「どけ」と店長はハリーを払い退け，いら立って言い放った．)

次に行為志向の例をみてみよう．

(10) a. Ron spooned stew onto his plate and *picked up his fork* but didn't start.  [P]
(ロンはシチューを自分の皿に入れて手にフォークをもったが，食べ始めようとしなかった．)

b. After breakfast Harry would go out into the back yard, *take out his wand* ...
(朝食後，ハリーは裏庭に出て，ワンドを取り出し，...)

c. She opened the front door to *put out the milk bottles*.
(彼女はミルク瓶を外に出そうと玄関を開けた．)

d. It *had* nearly *bitten off his leg*.
(もう少しで脚を食いちぎられそうだった．)

e. Then he ran, before Dudley could *work out what he'd said*.
(言われたことの意味をダッドリーが考えている間に走って逃げた．)

(10)の各文の句動詞は主として行為を描写したものであり，結果状態はクローズアップされていない．

　上で述べたとおり，志向要因は句動詞構文の語順を決定する要因の一つに過ぎず，他の要因との絡みが問題となる．特に重要なのは，第1節で触れた，(i) 旧い情報が新しい情報に先行していたほうが情報処理が容易であり，(ii) ニュースバリューのない，前提とされた項目は，焦点位置に生じない，という談話語用論上の原則との関連である．この原則は，周知のように，一部文法化されており，目的語が強勢をもたない代名詞や一般

的な名詞 (thing, matter, etc.) の場合，不変化詞後置が義務的となり，志向対立は中和される．この点に関しては，以下の第6節で詳しく論じる．

## 3. 類似構造

句動詞は動詞と不変化詞の組み合わせによって成り立っている．[5] 不変化詞とは何かという定義は，研究者によりさまざまであるが，前置詞 (in, on, over) と方向副詞 (up, out, away) を包含する用語とするのが一般的である．[6] しかし，ほかにも，句動詞の構成要素として，次のような語彙範疇が存在する．

(11) a. 副詞的不変化詞として機能する形容詞
       He pushed *open* the gate.
       He pushed the gate *open*.
       （彼は門を押し開けた．）
    b. 不定詞
       He let *go* the lines.
       He let the lines *go*.
       （彼はひもを離した．）

---

5. 句動詞 (phrasal verb) という用語には，注1でも触れたように，もう一つの用法があり，例えば，take picture of のような「複数の語から成り立っている動詞」という意味で使われる場合もある．
6. 前置詞と不変化詞の区別に関連して，Littelfiled (2005) の研究が注目される．それによると，down, up, to, of などの前置詞類は，[±Lexical] [±Functional] という二つの素性に基づいて，前置詞的副詞 (prepositional adverb)，不変化詞 (particle)，半語彙的前置詞 (semi-lexical preposition)，機能的前置詞 (functional preposition) の四つの範疇に分類されている．

c.　前置詞句

　　It brings *to light* the facts.
　　It brings the facts *to light*.
　　（それによって事実が明らかになった．）
　　Keep *in mind* the alternatives.
　　Keep the alternatives *in mind*.
　　（代案を頭に入れておきなさい．）
　　They took *on board* the cargo.
　　They took the cargo *on board*.
　　（彼らは荷物を載せた．）

(11) のイタリック体の部分をすべて不変化詞とするかどうかについては議論の余地があると考えるが，ここでは帰属範疇についての詳しい検討は行わない．注目すべきは，これらの文においても，不変化詞の場合同様，語順と志向交替との間に関連が認められ，目的語が後置された文は行為志向の意味合いをもち，前置された文は結果志向の解釈を受ける点である．

　古典的な範疇論では，範疇への帰属は是か非かの二者択一であった．最近でも，Newmeyer (2002) のようにファジーな統語範疇の存在を否定する立場もあるが，趨勢としては，中間的なもの，つまり明確な境界が設けにくい，ファジーなものの存在を認めるようになってきている．「動詞＋不変化詞（副詞類）」という形式のさまざまな結合表現は，句動詞性の強いものから弱いものまでいくつかのレベルがあり，さまざまなタイプが認められる．

　一方で，句動詞と同じ構造にみえながら，語順の交替を許さないタイプも存在する．下記 (12a) は，前置詞付き動詞 (prepositional verb) と呼ばれる構造であり，常に［動詞―前置詞―目的語］という語順をとる．それに対し，(12b) と (12c) は，逆に，［動詞―名詞句―不変化詞］という形で語順が固定している結果構文である．(12b) の動詞は本来的他動詞，(12c) の動詞は本来的自動詞の例である．

(12) a. 前置詞付き動詞 (prepositional verb)
   I didn't *care for* the soup.
   (スープは気に入らなかった.)
   I *put up with* it for too long.
   (長く我慢しすぎた.)
   Most drivers are unhappy if they *run over* an animal.
   (ほとんどの運転者は動物を轢いてしまったら悲しくなる.)
   One cannot *count on* the honesty of all friends.
   (すべての友達が正直で,信頼できるとは限らない.)
b. 他動詞＋目的語＋不変化詞（副詞／形容詞）
   She pushed the basin *across*.
   (彼女は水盤をこちら側に押してきた.)
   They set him *free*.
   (彼らは彼を自由にした.)
   Wipe those tools *clean*.
   (この道具を拭いてきれいにしなさい.)
c. 自動詞＋名詞句＋不変化詞
   I was *crying* my eyes *out*.
   (私は涙がかれるほど泣いた.)
   They were *laughing* their heads *off*.
   (彼らは笑い転げていた.)

　ここでは,各構文の存在の指摘だけにとどめ,(12b)の下位区分や(12c)の動詞句の内部構造には言及しない.ただし,上記(11a)のタイプに関して,Iwata (2006) は,「目的語と結果付加詞との交替を許すタイプ (Type B resultative) の結果構文」として扱い,句動詞構文とは別のものであるとしている.そこでは,(11a)の open は統語上は付加詞 (adjunct) になる.

## 4. 副陳述の存在

　上記の第2節〜第3節で指摘した事実は,「句動詞構文」と「結果構文」の形式および意味上の類似性を示すものであった.次の例を比べてみると,不変化詞 out と副詞 apart と形容詞 loose が,形式上も意味上も類似していることは明白である.

　　(13)　a.　John knocked the man *out*.
　　　　　　　（ジョンは男をノックアウトした.）
　　　　 b.　John knocked them *apart*.
　　　　　　　（ジョンは彼らを打って,引き離した.）
　　　　 c.　John knocked them *loose*.
　　　　　　　（ジョンはそいつらを叩いて,ばらばらにした.）

(13) の文中のイタリック体の要素は,三者とも述語付加詞 (predicative adjunct) の位置を占め,「結果」の意味を帯びている.いずれも副陳述を担い,意味上の述語の役目をしている（本書第7章参照）.これらが述語的性格をもっていることの証拠として,このような構造に用いられるものの多くは,次の (14a-c) のような命令文において疑似動詞 (quasi-verb) として現れる,あるいは (14d) タイプの埋め込み構文に用いられるという事実が挙げられる.

　　(14)　a.　Out!　（出て行け.）
　　　　 b.　Back!　（下がれ.）
　　　　 c.　Away with you!　（消えろ.）
　　　　 d.　He wants *off*/*in*/*out*/*up*.
　　　　　　　（彼は立ち去り／入り／出／上りたいと思っている.）
　　　　　　　　　　　　　　　　　　　　(Bolinger (1971: 87-88))

　ここで興味深いのは,この種の不変化詞との組み合わせで用いられる動詞の数の多さである.特に,次の (15) にみられる動詞と不変化詞／副詞の

第 8 章　概念化様式と統語のインターフェース　　　　　　　　171

組み合わせは，生産性の高い，自由な結合体とみなすことができる．

(15)　a.　I *had* my shoes *on*.
　　　　　（私は靴を履いていた．）
　　　b.　I *brought* the references *in*.
　　　　　（私は推薦状を持ってきた．）
　　　c.　They *heaved* him *back* onto his seat.
　　　　　（彼らは彼を押さえつけて着席させた．）
　　　d.　He *ladled* some soup *up* from the pan.
　　　　　（彼はレードルで鍋からスープをすくった．）

上記 (11) で観察した，結果状態を表示する形容詞やその他の語彙範疇に属する語もこのタイプに含めることができる．次の (16) も同様の例である．

(16)　a.　She *slid* the compartment door *closed*.　　　　　[P]
　　　　　（彼女は客室のドアを引いて閉めた．）
　　　b.　They had *clamped* them *together* with bullclips.
　　　　　（彼らは牛締め金具でそいつらを縛っておいた．）

以上でみてきたように，「(不変化詞外置) 他動句動詞構文」の不変化詞と「結果構文および使役構文」の不変化詞／副詞は，「(目的語名詞を意味上の主語とする) 述語」としての共通の意味機能をもっているが，大きな相違点も二つある．第一は，外置化された不変化詞には「句動詞の構成素」としての機能があるが，他の副陳述述語にはそれがないことである．例えば，次の (17a) では out が上記の二つの機能を担っているが，(17b) の black and blue は，副陳述の意味上の述語としての機能しかもたない．

(17)　a.　He knocked Joe Frazier *out*.　　　　　［句動詞構文］
　　　　　（彼はジョー・フレージャーをノックアウトした．）
　　　　　[v knock *out*]　　　　　　　　　　　（句動詞の構成素）

[$_S$ Joe Frazier (be) *out*]

(目的語名詞を意味上の主語とする述語)

  b. He kicked Joe Frazier *black and blue*. ［結果構文］
   （彼は青黒いあざができるほどジョー・フレージャーを蹴った．）

[$_S$ Joe Frazier (be) *black and blue*]

(目的語名詞を意味上の主語とする述語)

第二に，句動詞の場合，不変化詞が目的語に先行する［不変化詞―目的語］語順も原理上可能であるのに対し，結果構文の語順は，多くが［目的語―結果句］で固定している．例えば，(17b′) のような，［結果句―目的語］の語順は非文法的である．

 (17) a′. He knocked out Joe Frazier. ［句動詞構文］
    b′. *He kicked black and blue Joe Frazier. ［結果構文］

## 5. 目的語名詞の認知上のステータスと志向の中和

### 5.1. 新情報を担う長い目的語

 第2節〜第3節でみたように，句動詞の語順交替には情報構造が大きく関わっている．情報の流れは「旧いものから新しいものへ」(from old to new) を原則とし，新しい目立たせたい情報は，通常，文尾に置かれる．反対に，旧い情報は文頭に置かれたり，代名詞のような短縮形をとったりする．情報が共有されているため長々と説明する必要がないので，日本語のように，ゼロ形になる場合もある．一方で，聞き手にとって新しい情報は詳しく述べる必要があり，形態上長くなる傾向がある．次の例は目的語がいずれも新しい情報を担っていて，情報量が多い．そこで「不変化詞＋目的語」の順で新情報を最後に提示する形式が取られ，聞き手・読み手の情報処理がスムーズになっている．

第8章　概念化様式と統語のインターフェース　　　　　173

(18) a. Mr Dursley hummed as he *picked out* his most boring tie for work and Mrs Dursley ...　　　　[P]
（ダースレー氏が，鼻歌を歌いながら出勤用の見るからに味気ないネクタイを取り出し，奥さんが ...）

b. 'S-s-sorry.' sobbed Hagrid, *taking out* a large spotted handkerchief ...
（「す，すみません」ハグリッドは嗚咽しながら，しみの付いた大きなハンカチを取り出した.）

c. Fudge cleared his throat loudly and *picked up* his pin-striped cloak.
（ファッジは大きく咳払いをして，細縞模様のマントを手に持った.）

(18)の下線を施した目的語名詞はすべて新情報を担い，主語の指示対象の人柄や生き方に関する情報をさりげなく伝えている．すなわち，(17a)では Mr. Dursley の服装の無趣味ぶり，(17b) では Hagrid の粗雑な生活ぶり，(17c) では Fudge の服装へのこだわりが伝わってくる．しかしながら，これらの名詞句は，前後の文脈中のどこにも登場しない．このタイプに関する限り，(5)に記したさまざまな要因のうち，「長さ・複雑さ，ニュースバリュー」のみが関係していると考えられる．以下の例も同様である．

(19) a. He drew on a pair of very thick gloves, *picked up* a large, knobby walking stick ...　　　　[P]
（彼は分厚い手袋をはめて，こぶのある大きな杖を手にもった.）

b. Harry *pulled out* a handful of strange-looking coins.
（ハリーは奇妙なコインを一つかみ取り出した.）

c. He was about to *pull off* another stunning performance like the one he had managed in the first task.

（彼は，最初の課題で成功したような，あっと驚く動作を再びやってのけようとしたところだった.）

d. His new company would *put out* a complete and definite set of recordings.　　　　　　　　　　　　　[C]
（彼の新しい会社は，しっかりとした申し分のない記録集を世に出すことになる.）

e. A persuasive publisher was about to *bring out* a book of which he had high hopes.
（影響力のある出版社が，彼が大いに期待している本を出版しようとしていた.）

これらの例では，複雑な構造をもった，談話上の新出要素が後置されている．ここから，「聞き手（読み手）の情報処理の負担を軽減する必要性」が，（行為志向と結果志向の対立を含む）他の要因に優先するという原則が浮かび上がってくる．つまり，情報処理上の理由によって，他の要因の対立が中和されているのである．

### 5.2. 強勢のない代名詞目的語

第 2 節の冒頭で触れたように，目的語が旧い情報を担う，強勢のない代名詞の場合，句動詞構文は，「動詞＋代名詞＋不変化詞」の順となることが文法化されている．次の (20a) は文法的であるが，(20b) は非文である．

(20) a. You're putting him on!　　　　　　　　　　　　[B]
（君は彼をからかっている.）
b. *You're putting on him!

ここでも，明らかに，行為志向と結果志向の対立の中和が起きている．(21) の各例においても，外置された不変化詞に結果状態の意味を際立たせる機

能はみられない.[7]

(21) a. Yes, I know it's a map ... I am, however, astounded that you didn't *hand it in* ... And I can't let you *have it back*, Harry. [P]
(そう，地図だよ．...だが，渡さなかったというのは驚きだ．...でも返すわけにはいかないよ，ハリー．)

b. A loud ripping noise rent the air; two of the *Monster Books* had seized a third and were *pulling it apart*.
(大音量の切り裂くような音が鳴り響いたと思うと，2冊の「妖怪本」がもう1冊を捕まえて引きちぎろうとしていた．)

c. He's been a bit off-colour ever since I *brought him back* from Egypt.
(エジプトから連れ帰ってから，あいつはずっと顔色が悪かった．)

d. The thought didn't *cheer him up* at all.
(そう考えたら全然元気が出てこなかった．)

## 5.3. 目的語が一般的な事物を指す名詞の場合

行為志向と結果志向の対立は，目的語が一般名詞 (general noun)（例：thing, matter, etc.) であるときにも，代名詞の場合と同様に中和される．次の例をみてみよう．

---

7. 一見，反例かと思われる come off it のような表現も存在しているが，これは，いわゆる固まった慣用句 (frozen idiom) であり，全く異質の構造をもっている．

(22) a. Trust Malfoy to *mess things up* for him. [P]
（マルフォイがきっとそれを台無しにするよ．）
b. Don't you think it was highly appropriate to ― ah ― *hush the whole business up*?
（この問題はもみ消すのが一番いいと思わないか．）
c. He *thought the matter over* for a few days.
（彼はそのことについて数日間熟考してみた．）

一般的な事物を指す名詞は，代名詞と同様，意味内容が希薄であり，ニュースバリューがないため，焦点位置には生じない．したがって，(22)におけるこれらの名詞の文中の位置が志向対立を反映したものでないことは明らかである．

## 5.4. 受け身構文

受け身構文では，句動詞の目的語が主語の位置にあり，構造上，目的語と不変化詞の交替は起こり得ないため，行為志向と結果志向の対立も生じない．

(23) a. They had hoped that Goyle, who was almost as stupid as he was mean, might *be thrown out* ... [P]
（ゴイルは，卑劣で，頭も悪いので，退学になるのではないかと彼らは期待していて ...）
b. ... notes *were handed out* to all students ...
（文書が生徒全員に配られて ...）
c. It's one of these things that can't *be written up* as a proper scientific paper, and ...
（これは，しかるべき科学論文に仕上げることができない類いのものであり ...）

## 6. 抽象名詞メタファーの場合

　Gries (1999: 122-124) は，句動詞の語順交替とシルヴァスティン階層 (the Silverstein hierarchy) との関連を示唆している．シルヴァスティン階層の上位には文脈依存性の強い一人称，二人称，三人称の代名詞が，この順番で位置し，有生名詞がそれに続く．下位には無生名詞および抽象名詞が位置している．第1節でみたように，目的語が代名詞の場合は，句動詞構文の語順の文法化が進んでおり，［動詞―目的語―不変化詞］の順で固定している．対照的に，抽象名詞やメタファーとしての解釈を受ける名詞の場合は「動詞―不変化詞―目的語」の語順となる．シルヴァスティン階層の観点からみれば，目的語が階層の上位に位置する場合は不変化詞外置が起こり，下位の場合は不変化詞外置が不可能であるということになる．

　次に，抽象的あるいは比喩的な意味をもった句動詞に焦点を当てて考えてみよう．例えば，次の例にみられる句動詞は，具体的な行為を表さず，文字どおりの結果が生じることがないために，結果に焦点が当たることはないと考えられる．

(24)　a.　They *brought back peace*.　　　　　　　[P]
　　　　　（それで平和になった．）
　　　b.　Perhaps he was *seizing up the enemy*, waiting for the Professor to make the first mistake …
　　　　　（おそらく，彼は敵を値踏みし，教授が初めに間違うのを待ち構えていて…）
　　　c.　It *opened up new worlds* to him.
　　　　　（それによって，彼にとって新しい世界が開かれた．）

不変化詞を後置すると，(24a′-c′) にみられるように，文の容認性が低下する．

(24) a′. *They *brought peace back*.
　　 b′. *Perhaps he was *seizing the enemy up*, waiting for the Professor to make the first mistake ...
　　 c′. *It *opened new worlds up* to him.

次に，目的語が不定名詞句の場合を考察する．

(25) a. Don't *pull any of his feathers out*. 　　　　［P］
　　　　（羽は一本も抜いてはならない．）
　　 b. His potion, which was supposed to be a bright, acid green, had turned—'Orange, Longbottom,' said Snape, *ladling some up* and ...
　　　　（鮮やかな緑色になるはずの薬液が...『オレンジ色だぞ，ロングボトム』とスネイプはそれをすくい上げながら言い...）

不定目的語は，指示対象が特定できないため，焦点位置に置かれることがなく，したがって結果状態志向の文と適合しやすいという事実を，(25)の例は示している．特に，(25a)では目的語が長めの形をしているにもかかわらず，前置されており，行為よりも結果に重点があることが分かる．

次に，直接目的語が典型的な名詞句でない場合をみてみよう．

(26) a. Some of the teachers *gave up* trying to teach them much.
　　　　（彼らに多くを教えるのをあきらめた先生もいた．）
　　 b. ... trying to *sort out* who was being forced to act, and who was acting of their own free will.
　　　　（強制されて行動している人と自分の意思で行動している人とを選別すること）
　　 c. Hermione squashed this plan by *pointing out* that, in the unlikely event that Harry managed to learn how to

operate an aqualung with the set limit of an hour, he was sure to ...
(ハリーが1時間以内にアクアラングの操作法を習得するという，あり得ないことが実現したとしても，きっと ... と指摘することによって，ハーマイオニは彼の計画を一蹴した.)

d. The Dursleys ... didn't think they could bear it if anyone *found out* about the Potters.
(ダースレー夫妻は ... 誰かにポター家の存在を知られたら困ると思っていた.)

これら非典型的な目的語の統語範疇はさまざまであり，(26a) は動名詞，(26b) は wh 句，(26c) は that 節，(26d) は前置詞句である．いずれにおいても，指示している意味内容は抽象的な概念であって，物理的な存在物を指示していないことから，原理上，このような文が目的語の結果状態に言及して用いられることはない．また，不変化詞外置が起こらないからといって，行為に焦点が当たっているのでもない．重点は，情報量が多く，ニュースバリューも高い目的語の上に置かれており，このようなケースでも，行為志向／結果志向の対立のキャンセルが起こっているのである．

## 7. 概念化の様式

Jackendoff (2002) は，句動詞を (a) 複合語 (compositional) タイプ，(b) 慣用句 (idiomatic type) タイプ，(c) アスペクト (aspectual) タイプ (例: eat up) に分けている．複合語タイプとは，動詞と不変化詞の意味の和が句動詞の意味になっているタイプ (例: carry in)，慣用句タイプとは，構成要素の意味から句動詞全体の意味が予測できないもの (例: turn down)，アスペクトタイプとは，不変化詞が動詞の解釈にアスペクト的解釈を加えるもの (例: eat up) である．この区別が，申し分のな

い，明確なものであるかどうかについては議論の余地もあるが，以下，Jackendoff の区分に従って，各々のタイプについて考察する．

句動詞による概念化について考察を進めるにあたり，最初に Jackendoff が慣用句タイプと呼んでいるものを取り上げる．このタイプは，メタファー的性格をもち，意味上の不透明性が生じるため，慣用句的とみなされているものである．[8] 以下に典型的な例を挙げる．

(27) a. Harry tried to *make out* what it was ...　　　　[P]
 (ハリーはそれが何か見極めようとして ...)
 b. I'll *get her back* for this if it's the last thing I do!
 (たとえ死んでも，彼女に仕返ししてやるぞ．)
 c. Didn't we swear when we *took him in* we'd stamp out that dangerous nonsense?
 (あの子を引き取るとき，その危ない話は記憶から消そうと誓ったではないか．)
 d. Malfoy gave Professor Lupin an insolent stare, which *took in* the patches on his robes and the dilapidated suitcase.
 (マルフォイはルピン先生を生意気そう睨みつけ，外衣の継ぎ当てや傷だらけのスーツケースをさげすむように見た．)

このタイプには，(27c) と (27d) の take in のように複数の慣用句的な意味をもつものも少なくない．

また，次の例にみられるように，特定の名詞句との融合によってメタファーを形成する句動詞もある．

---

8. Lindstromberg (1997) は，Bolinger (1971) の先駆的な論考を受けて，「経路を示す前置詞が用いられている場合，焦点は常に結末にあり，メタファーの場合，結果状態に焦点が当たる」という指摘を行っている．メタファー的性格は，(27) の例からも分かるように，不変化詞が目的語の後に位置する場合さらに強くなる傾向がある．

(28) a. turn over a new leaf
   (新しいページをめくる → 改心して生活を一新する)
   b. let off a steam
   (押さえつけられた感情を発散する → うっぷんを晴らす)
   c. lay down the law
   (法を定める → 高圧的な態度で言う)
   d. bring up the rear
   (後ろをもち上げる → しんがりを努める)

これらが文字どおりの意味で解釈されるべきか，メタファーとして解釈されるべきかは文脈による．さらに，(29)，(30)のように，決まった少数の名詞句と共起したときにのみ，特定のメタファー的意味をもつ場合もある．このようなタイプの存在が，「句動詞は慣用句的である」という印象を強くしている．

(29) see off 　[＋HUMAN] 　(見送る)
(30) ring up 　[＋HUMAN] 　(電話する)
   　 ring up 　[＋SUM] 　　(勘定する)
   　 ring up 　the curtain 　(芝居を始める)

(30)から，ring up の場合，少なくとも3タイプのメタファー的概念化が起こっていることが分かる．

　G. Lakoff (1993: 210) は，メタファーは「修辞表現」(figure of speech) ではなく，「思考様式」(mode of thought) であり，言語形式の選択は，話し手 (聞き手) の「概念化の様式」(mode of conceptualization) を反映すると主張している．この考え方は，句動詞による概念化に敷衍することができる．すなわち，話し手 (聞き手) が，単一動詞ではなく句動詞を用いて事象を表現するときは，事象全体を一まとめとして捉えるのではなく，複数要因の存在を認定し，空間的・時間的な動きや幅を含めて概念化を行っているのである．単一動詞が示すのは，いわば不透明で，そっけな

い概念化であるが，句動詞の場合は，「行為・過程プラス結果状態」という形での，内部に事態の動きを含んだ透明な概念化であり，コミュニケーションに生き生きとした映像的効果を生む．さらに，本章で論じた行為志向と結果志向という観点から，語順交替の手段を活用することによって，事象の一側面に焦点を当てることも可能である．次の(31)の各例における句動詞と，右端の（ ）内に示した同じ意味を表す単一動詞とを比べると，句動詞を用いたほうがより具体的で動きのある，表情豊かな表現であり，動作と結果状態がありありと思い浮かべられる絵画的効果があることが分かる．

(31) a. Percy, however, *held out* his hand solemnly ... (cf. *extend*)  [P]
(だが，パーシーは慇懃に手を差し出した．)

b. He *ripped open* the letter and shouted, 'It's from Sirius!' (cf. *open*)
(彼は手紙の封を切り，「シリウスからだ」と叫んだ．)

c. Harry and Ron *packed away* their unused ingredients ... (cf. *store*)
(ハリーとロンは未使用の材料を片付けた．)

d. Yule Ball is of course a chance for us all to ― er ― *let our hair down*. (cf. *relax*)
(クリスマスパーティーはもちろんみんなでくつろぐ機会だ．)

次に，Jackendoffのいう複合語タイプとアスペクトタイプにおける概念化を考えてみよう．どちらの構造も，動詞と不変化詞の「自由な結びつき」とみなされ，生産性のきわめて高いタイプである．特に，make, get, take, put, hold といった，いわゆる，基本的 (basic) で，一般的 (general) で，主要 (primary) な動詞と，on, up, out, off のような「完結性」(perfectivity) や「徹底性」(exhaustiveness) を表示する不変化詞が数多く用

第8章 概念化様式と統語のインターフェース

いられる．当然ながら，次の例にみられるように，このタイプにおいても，動作と結果状態が分析的，動的に描写され，生き生きと提示される．

(32) a. It was here, on the bedside table, I *took* it *off* for polishing ... (cf. *remove*) [P]
(磨こうと思って，このベッド横のテーブルの上で外したんです．)

b. ... house was almost destroyed but I *got* him *out* all right ... (cf. *rescue*)
(家はほとんど壊されたが，無事に彼を助け出すことができて ...)

c. ... they were boarding the Hogwarts Express; ... *pulling off* their wizard robes and *putting on* jackets and coats ... (cf. *undress*, *dress*)
(彼らはホグワーツ急行に乗り込んでいた．魔法使いの服を脱ぎ，上着とコートを身につけて ...)

d. He *held* them *up*. (cf. *raise*)
(彼はそれを持ち上げた．)

最後に次の二文をみてみよう．

(33) a. They are *opening up* a branch in Nevada. [C]
(彼らはネバダに新しい支部を開設しようとしていた．)

b. The are *opening* a branch in Nevada.
(彼らはネバダに新しい支部を開設しつつあった．)

この二文は，基本的に同じことを述べているが，不変化詞 up が付加された (33a) には，完結性という微妙な意味が加わっている．これを Jackendoff は，アスペクト的意味と呼んでいるが，紛れもなく不変化詞 up に起因する意味である．類例は数多く存在し，このようなタイプが英語の句動詞の生産性を印象付けている．

## 8. おわりに

　第4節でみたように，種々の語彙範疇が関わる類似構造が存在しているため，句動詞に類する言語形式相互の境界は明確ではない．『ロングマン句動詞辞典』(*Longman Dictionary of Phrasal Verbs*, 1983) では，前置詞，不変化詞，副詞という範疇区分はしているものの，それらすべてを包括したままで項目が立てられている．研究書における扱いも一様ではない．例えば，原口・中村 (1992: 342) では，前置詞付き動詞を用いた文や結果構文も句動詞構造の仲間として扱っている．Huddleston and Pullum (2002) では，動詞と共起する不変化詞，前置詞，形容詞，副詞等の語彙範疇を，統語特性に基づいて区別しているが，句動詞の存在自体への注目度が低く，さまざまな類似構造の中に埋もれた形での取り扱いとなっている．[9] また，Iwata (2006) は，自らが B タイプ (Type B) と呼ぶ結果構文と句動詞構文との類似性を指摘しているが，両者を区別する明確な定義付けは示していない．

　句動詞の意味のメタファー的拡張に関しては，前節でみたように，原型的 (prototypical) とみなされるグループの中にも，慣用句的で固定した表現もあれば，高い生産性をもち，開かれた類に属すると考えられるものもある．最終的に，境界の設定は難しく，自由な結びつきからイディオム的なものまで，さまざまな段階が認められるということになる．

　本章の考察から，これまで他動句動詞構文における語順と意味の関係について体系的な研究がなされなかった原因として，談話語用論，情報処理上の要因，慣用句化のレベル，類似構造の存在などの，さまざまな要因の関わり合いの存在が明らかになった．

---

　9. Huddleston and Pullum (2002: 274) では，句動詞という用語の存在には言及しているが，記述の中では採用していない．

# 第 IV 部
## 異文化間の言語コミュニケーション

第 9 章

# 言語と文化の複合メタメッセージ
## ——異文化間の談話語用論——*

## 1. はじめに

　グローバル化の急激な進展に伴い，国境を越えた文化の違いやそこから生ずる誤解の可能性についての議論が盛んになってきた．本章では文化的に形成された会話スタイル (conversational style) が，異文化間，異民族間のコミュニケーションの障壁となる，潜在的可能性に関するテーマを概観する．文化の違いは，人間がことばを交わす際の自然で当たり前の方法について，異なる想定が存在することを必然的に含意している．したがって，誤解の生じる危険性は，母語や文化的背景を異にする人々の間では非常に高くなる．また，「同じことばを話す」という表現をしばしば耳にするが，これは一般に想定されているよりも，多くのことを意味している．実際には，同じ国，同じ町，同じ地区に住んでいる人々の間でも，さらに同じ家族の中でも，最悪の場合には夫婦間でも誤解は起こるからである．

---

　\* 本章は，1995 年 8 月にハワイ大学イーストウエストセンターで開催された国際化フォーラム (Internationalization Forum) で行った発表内容に改訂を施したものである．

## 2. メタメッセージと関連概念

### 2.1. メタメッセージとは何か

　言語学の諸部門の中で，異文化コミュニケーションの研究は比較的新しいもので，その理論的，方法論的洞察には，人類学，語用論，談話分析，社会言語学等の諸領域の知見が取り入れられている．本章では，人間の知的活動に関するこの分野の研究の，過去30年にわたる成果に準拠して考察を進めていく．特に着目するのは，Bateson (1972) にその起源をもつ，メタメッセージ (metamessage) という概念である．Bateson は，すべてのコミュニケーションには，基本メッセージとメタメッセージという二つのメッセージが同時に含まれていると主張した．[1] Bateson の考えを引き継いだ Gumperz (1982) は，基本メッセージに加えて，解釈の仕方を聞き手に指示する第二のメッセージが含まれていることにより，コミュニケーションが首尾よく進み，真意が支障なく伝わると述べている．Tannen (1984a) は，この路線をさらに進めて，談話中心のメタメッセージ研究を発展させた．Tannen によるメタメッセージの概念を要約すると，(1) のようになる．

(1)　i.　われわれの発話からは，相手，場面，自分の発言内容に対する態度など，人間関係に関する情報がメタメッセージとして発信されている．
　　 ii.　メタメッセージは，明示的な形で表現されず，会話スタイルによって間接的に伝えられる．

### 2.2. 関連概念

　メタメッセージは，近年注目を集めている会話の含意 (implicature) な

---

　1. Bateson が実際に用いている用語は，'metacommunication' と 'metainformation' である．

どの，他の言語学的，語用論的概念と似かよったところがある．以下に Smith and Wilson (1979) からの例を紹介する．

(2) A: Where's my box of chocolates?
(私の箱入りチョコレートはどこにあるの？)
B: Where are the snows of yesterday?
(昨日の雪はどこへいったのでしょう？)

(3) A: Your son's really taken to Annette.
(お宅の息子さんはアネットに首ったけですね．)
B: He used to like playing with snails when he was a child.
(あの子は子どものときカタツムリと遊ぶのが好きでした．)

(2B) は，(2A) の質問に対する直接の返答になっていない．しかしながら (2B) は，英語文化の中で，慣用句的に「その質問には答えられない」という間接的メッセージを伝える表現として定着しており，ここでは，状況に照らして，「チョコレートはもうない」ということを伝えている．(3) についても，(3B) の返答を関連性をもった発言と考えれば，聞き手は，そこに語用論的含意 (pragmatic implicature) を見いだす．そこで，(3B) は「息子は風変わりなものを愛好する傾向がある」という含意が導き出される．そこから，「アネットを好きになる」というのも風変わりな好みの延長であるという解釈が生まれ，さらにもう一つの含意，すなわち「普通の人はアネットを好きにならない」があり，最終的に「アネットは変な人に違いない」という解釈に至る．

このタイプの語用論的含意は暗黙のメッセージであるという点で，メタメッセージと結びついている．類似の概念には，言外の意味 (connotation)，メタファー的イメージ (metaphoric image)，アイロニー (irony) 等がある．このうち，最初の二つは基本的に文脈から独立した，語彙レベルの概念であるが，ディスコースの中で用いられることによって，メタ

メッセージと結びついた解釈が生まれる．

## 3. メタメッセージの種類と内容
### 3.1. メタメッセージのいろいろ

　コミュニケーションは必ず何らかの形で行われるものであり，具体的にどのような表現形式をとるかによって，間接的にメタメッセージが生まれてくる．例えば，婉曲語法（euphemism）や逆説的言い回し（paradoxical phraseology）は，明白な間接表現であり，それ自体がメタメッセージを運ぶものである．以下で詳しくみるように，広い意味での間接的コミュニケーションはメタメッセージを主たる伝達手段として行われており，それは，オフレコで真意を表明するのに都合のよい方法である．そのような特殊なケースは別としても，われわれの発言は，本人の意図とは無関係に，一度に多くのさまざまなメッセージを伝える．発話には常に何層かに重なった意味がついて回っており，言ったことも（明示的に）言わないことも，会話における複合的意味の一部になり得るのである．

　人と会話しているとき，私たちは常にお互いの人間関係をモニターしており，その情報がメタメッセージの中に出てくる．例えば，日本語では，敬語の使用や名前の代わりに肩書きを用いるなどといった，語彙レベルの手段が頻繁に用いられる．それは，会話参与者間の社会的人間関係を話者が意識しているというメタメッセージを伝え，その場にふさわしいと判断されるマナーで話すよう要請する．同様に，英語には「ファーストネームで呼び合う仲」（to be on first-name terms）という慣用表現があるが，ファーストネームで呼び合うこと自体が，（かしこまらず）ざっくばらんにことばを交わす間柄であるというメタメッセージを伝えるのである．

### 3.2. ことばによるものとことばによらないもの
　メタメッセージには，大別して，言葉遣いに起因するバーバルなものと，ことばによらないノンバーバルなものとがある．バーバルな手段に

は，音調，話すスピード，抑揚，間の取り方，声の大きさ，ピッチの高さなどがある．Tannen (1984a) 等の研究で明らかになってきたように，これらは，会話が進んでいく中で話す順番を確保したり，譲り合ったり，内容のつながりを示したりといった，さまざまな合図を発する手段となっている．また，発話時点における話者の心理状態や，話の内容，また相手・会話の場に対する話者の態度，例えば「好意的に評価している」，「友好的態度をもっている」，「協力を求めている」，「助力を申し出ている」などを伝える機能を果たしている．[2]

　中には，沈黙（ことばの不在）そのものが強力なメタメッセージを発する文化もある．多くのことばを費やして語るのではなく，何も言わないでおくことに意味があると考える文化である．必ずしも「沈黙は金」という考え方をしない文化でも，いわゆる「我らの歌」(our song) 現象[3]（共通の経験の存在，連想の共有を証明し，親密さを増す機能をもつ）がみられる．省略や短縮表現のような手段の存在は，ことばを減らすことによってかえって相互の理解度の高さを誇示する場合があることを示している．縮約形は，組織のメンバーや同年齢グループ，特に若者の間で，頻繁に使用される．その背後にあるメタメッセージは「仲間意識・連帯感」であり，「われわれ」はお互いを完全に理解し合うことができる，われわれは仲間だが「彼ら」は違う，彼らはわれわれの仲間ではない，という内容の信号を送るのである．

　ノンバーバルなメタメッセージは，ジェスチャーや顔の表情等によって伝えられ理解されるものであるが，ここにも文化による違いがある．Condon (1984) によれば，日本人は，顔や姿勢や服装をほとんどのアメ

---

　2．この点に関しては，文化による相違がみられ，例えば，感情を率直に外に表すことを当然のことと見なすアメリカ文化と，感情を押さえて話すことを良しとする日本の文化とを同じレベルで比較考察することはできない．

　3．親しいものの間でのみ通用するジョークや，一言だけで思いが伝わり仲間内での共通の連想が喚起される現象．

リカ人よりも広くかつ正確に読み，多くの点で，ことばによるメッセージよりもノンバーバルなメッセージのほうを好む傾向がみられるという．「あうんの呼吸」，「以心伝心」，「目は口ほどにものを言い」など，人口に膾炙した多くの成句や言い回しの存在が，それを裏付けている．それに対し，アメリカ人は，印象などという移ろいやすいものよりも，ことばのほうをずっと信頼する．これは単なる偶然ではなく，二つの文化のもつ異なる価値観に根ざしているものである．すなわち，一方の文化では，話しことばがそれほど尊重されず，言われたことが額面どおり受け取られるとは限らない．反対に，もう一方の文化では，口から出たメッセージがすべてであり，自分の言ったことに責任をもたなければならない，という大前提が存在している．

### 3.3. 意識的なものと無意識的なもの

メタメッセージを送るということは，他人の考えや，出て来そうな反応の手がかりを得るために探りを入れるのに似ている．慎重な対応が求められる場面，例えば就職の面接，公の場での発言，解雇を言い渡す際，恋人と別れるときなどは，ことばが意識的に選ばれる．そのような場合，われわれは話し方に気をつけ，ポライトネス等に注意を払う．ポライトネスは，以下でみるように，「親密な関係」(rapport)，「自己防衛」(self-defense) といった，共存しながらも矛盾している人間の欲求と密接に結びついている．

意識的に送られるメタメッセージは，話し手の人格や資質の高さを印象付けるアピール効果を狙ったものが多い．一方で，発信者側にメタメッセージを送っているという意識がないケースも多く，これが人間関係の障害やコミュニケーションの挫折を引き起こすことがある．そのような場合，話し手の態度・表情の観察に基づいて，あるいはことばの端々から，意図せぬ解釈が引き出され，ともすれば話し手の意図とは逆のメタメッセージが聞き手に伝わるということにもなる．

### 3.4. メタメッセージの内容

　実際に，どのようなメタメッセージが伝わるのであろうか．一般的に考えられるのは，対話者間の友好な人間関係，親密になりたいという話し手の気持ちや自己防衛欲求，話し手が場面をどのように捉えているかの認識などである．また，話し方を通して，話し手の発話時の心理状況，パーソナリティ(例: かしこまっている，ざっくばらん，堅苦しい，だらしない)や，相手や場面に対する態度（例: 尊敬している，ないがしろにしている）などが発信される．文化によっては，お互いの関係や社会的地位について，話し手がどのような捉え方をしているかも，メタメッセージの形で示される（例: 敬語の使用）．

　ときには，話し手の見方，基本的価値観，希望などが，本人の意図に反して発信されることがある．以下に引用するのは，意図せずに伝わってしまう異文化間メタメッセージの例である．

> (4)　ほとんどの日本人は，自分たちの文化は理解するのが極端に難しく，日本人にしか理解できないものであり，他の文化の人がとけ込むのは不可能であると考えている．そのことは，例えば，上手に箸を使ったり，片言の日本語が話せる外国人をほめるといった行動に反映されている．日本に来たばかりの人なら，ほめられたと思って喜ぶが，来日して20年も経った後で言われたら，ありがたくないメタメッセージが読み取れる．[4]

この場合，日本人の側に悪気はない．礼儀正しく，親しみを込めた気持ちを伝えているつもりである．しかし，褒めるつもりで発したことばが，相手の外国人に，喜べないメタメッセージを伴って解釈されてしまうという落とし穴には，気がついていないということである．

---

　4. この言説は，Condon (1984) の指摘に基づくものである．

## 4. 会話スタイル

### 4.1. 会話スタイルとは

　会話スタイルとは，一言で言えば，「話しっぷり」「ものの言い方」である．それは，Tannen (1984a) の指摘によれば，間接性，疑問文の使用，丁重な拒絶，話すスピード，声の大きさ，イントネーション，語の選択など，さまざまな要素から成り立っている．しかし，われわれは，通常，無礼だとか，丁重だとか，興味があるとかといった「態度」の観点から発話を眺めるため，これらの要素そのものが注目されることはあまりない．

　メタメッセージは，同じ会話スタイルの人々の間ではスムーズに機能し，対話者が意図した結果をもたらす．ところが，対話者の会話スタイルが異なると，うまく伝わらない．例えば，話し手の側では，以心伝心で伝わると思っているのに，聞き手が，すべてをはっきり口にする話し方，あるいは別の間接シグナルや手段を予期しているとしたら，話し手の意図と聞き手の解釈は合致しない．その結果，誤解が生じることになったら，もつれた糸を解きほぐすのは容易なことではない．誰にとっても，自分のコミュニケーションスタイルこそが自明で，自然なものだからである．このような誤解が同じ国の人の間で起こると，お互いに別のことばを話しているような気になってくる．同じことばを話していると思っているのに，行き違いが起こること自体が信じられないため，事態は深刻である．

### 4.2. 慣習化された会話スタイル

　会話スタイルには，慣習化されたもの，個人的なもの，言語特有のものという3タイプを認めることができる．最初に，慣習化された会話スタイルから考察していくことにする．

　社会の中で慣習化された思慮深さのようなものがあって，それがうまく機能している文化がある．例えば，(5), (6) にみられる社会的ルールを考えてみよう．

(5) 「そんなことを言うものではない」
(6) 「それは礼儀にかなった言い方ではない」

(5) のルールは「何が適切か」という感覚の規範を示すもので，人々の生き方の一部になっているものである．(6) のルールは，ポライトネスの倫理を指示し，ほとんどの人間社会に何らかの形で存在する．会話スタイルに関するこのような規範は，文化的に課せられたものと見なすことができる．

### 4.3. 個人的な会話スタイル

個人的な会話スタイルは，ほとんど人格の一部と見なされがちなものであるが，当人には意識されていないことが多い．ほとんどの社会には，おしゃべりな人もいれば，寡黙な人もいる．ずけずけものを言う人もいれば，おだやかなもの言いをする人もいる．ことば数の多い社交的な人もいれば，むっつりして人付き合いの悪い人もいる．われわれの社会には，このようなさまざまな会話スタイルが存在する．極端な言い方をすれば，一人一人がユニークな会話スタイルをもっていると言うことさえも可能である．

### 4.4. 個別言語特有の会話スタイル

個別言語の話し手に特有な会話スタイルと見なされるものとしては，例えば，アメリカ英語の話し手は，一般的に，直接的会話スタイルを好み饒舌である，としばしば指摘される．また，北東アジアの言語にみられる敬語体系も会話スタイルとの関連が指摘されている．例えば，英語では say という単一の動詞で表現するところを，日本語では，主語の指示対象，聞き手，場面など複合的な要因の組み合わせに応じて，「言う」「言われる」「おっしゃる」「申す」「申し上げる」「のたまう」など複数の動詞表現を使い分ける．さらに，少ないことばを使って行う，秘技のような会話スタイルも，世界各地で行われている．Hinds (1986b) は，最小限のことばで複雑なシナリオを伝える日本語の例を次のように総括している．

(7) 日本人は口に出してあまりものを言わない．しかし，日本語表現によって伝わる意味内容は，英語と同じぐらい豊かである．他国の人には，日本人のコミュニケーションが神秘的なものにみえる．多くの場合，実際に口にされることば数が少ないからである．

日本語には，「どうも」「おねがいします」「よろしく」等に代表される短型表現が豊富にあり，それぞれが多様な意味の伝達に用いられる．例えば，「どうも」は quite, somehow, indeed などを意味する副詞であるが，日常会話の中では，場面に応じて，'How do you do?', 'How are you?', 'Thank you' などの意味で使われる．同様に，「おねがいします」というのは，文字どおりの意味は「依頼する」であるが，それを口にするだけで，相手にさまざまな具体的な行為を遂行してもらうのに十分である．また，「よろしく」の文字どおりの意味は properly であるが，'I leave it to your discretion', 'Nice to meet you', 'Give my best regards' 等，さまざまなメッセージを伝えるのに用いられる．

ハワイ語は，この点で日本語に似ており，aloha は「愛」(love) という意味であるが，これを口にするだけで 'hello', 'Welcome!', 'Good-by' などいろいろなメッセージを伝えるのに使うことができる．

## 5. 異文化間のコミュニケーション

### 5.1. 異文化コミュニケーションにおける誤解

Tannen (1985) は，会話スタイルの重要性について，「地球の運命は異文化コミュニケーションにかかっている．国と国の交渉は，互いに同意に至る必要がある．同意は国の代表同士による会談および交渉の結果得られるものであるが，それは個人レベルにおける会話の公的バージョンといえる．どちらも同じプロセスをたどり，同じような落とし穴の危険がある．唯一の違いは，国同士の話し合いの場合は，結果が極端に重大であるとい

うことである」と論じている．

　異文化コミュニケーションの場面で，誤解を引き起こす可能性のある要因はさまざまである．その中の一つが，社会の中で常識とされるものの言い方が，文化ごとに異なっていることである．何を重要視するかも文化によって異なる．そのため，文化ごとに確立している会話スタイルが，国際コミュニケーションの場面で壁を作ってしまう可能性は高い．また，ことばを信頼してコミュニケーションを行うタイプの人もいれば，発話の場面や文脈，例えば，誰が，いつ，どのような言い方で発言したのか等の中にこそ意味を見いだそうとするタイプの人もいる．多くの場合，コミュニケーションの挫折や衝突をもたらすのは，話される内容というより，話し方である．そのため，善意が感謝で受け止められるとは限らず，自分の価値観を他人に押し付けることになったり，逆効果になったりする可能性がある．そのような場面では，Tannen (1985) が指摘しているように，「他人の目で自分をみるようにしなさい」とか「相手の人の立場に立って考えなさい」といった伝統的な金言は少しも役に立たない．直接対立を回避しようとして，間接的な表現を採用することもあるが，それでは間接性の危険がある．次節でみるように，間接的なもの言いは不明瞭性を生み，また意図せぬメタメッセージを発信することがあるからである．

### 5.2. ポライトネス体系の相違

　ポライトネスに関しても文化ごとに捉え方の違いがあり，何が自然で当たり前な礼儀正しさであるかも異なる．例えば，アメリカ人は，間接性を不誠実と結びつけ，直接性を誠実と結びつけて考える傾向があるのに対して，日本人は間接性をポライトネスと結びつけて考える．したがって，両者の間で誤解が生じやすいことは容易に想像できる．しかしながら，文化の境界は国家や言語の境界と一致せず，国際コミュニケーションの場面に限定して誤解が起こるというわけでもない．ポライトネスをめぐる誤解は，同じ国の中でも，同じことばを話している人の間でも起こる．Tannen (1985) が論じた二つのケースをみてみよう．

第一のケースは，知り合いの人が試験に落ちたり，失業したり，病気になったりなど，不幸な目にあった場合の対応である．同情したり慰めのことばをかけるというやり方と，相手に余計な苦痛を与えないよう，わざとその話題を口にしないことにより思いやりを示すやり方がある．アメリカ白人は，相手の不幸に注目することによって，相手への思いやりを示す傾向がみられる．一方，アフリカ系アメリカ人の場合は，あえて注目せず，強要しないことによって，そのことを話題にするか，それとも黙っているかを相手の選択にまかせる．この違いは，同じ国に住む二つのグループ間で，何がポライトであるかに関する考え方が異なるため，不幸な文化的誤解が生じる潜在的可能性を示す一例である．

　第二のケースは，イギリス旅行に出かけたアメリカ人女性による文化的誤解の例である．彼女は，自分の存在が注目されて当然と思われる場面でイギリス人から無視され続けるという経験をした．例えば，駅のカフェテリアのブースに一人で座っていたとき，テーブルを挟んだ向かい側の席にイギリス人のカップルがやってきて座り，飲んだり食べたりして楽しそうに語らっていたが，同じブースにいる先客に気がついているそぶりを全く見せなかった．イギリス人の考えでは，実際は気がついているが，邪魔しないようにするというのがポライトなのである．しかしながら，アメリカ人にとっては，カフェテリアでブースを共有するようになったら，相手とことばを交わすのが礼儀であり，そうしないのは失礼である．イギリス人の考え方では，相手の存在を無視することにより，自分たちに気を遣うという義務から彼女を解放したのである．この場合，アメリカ人の側は人間としての関わり合いを求め，イギリス人の側は，相手に関わり合いを強要しないというポライトネス行動をとったのであるが，どちらも，相手の側に自分の考えとは異なるポライトネスのシステムが作動している，とは思いもよらなかったということになる．

　このように，われわれは，他文化の人とコミュニケーションをとる際，相手にとって未経験のさまざまなメタメッセージを，意識的あるいは無意識的に送っているのである．

## 5.3. 日本とアメリカの会話スタイルの違い

　日本人とアメリカ人のコミュニケーションスタイルの違いについては，これまで多くの指摘がなされてきた．例えば，アイコンタクトに関する行動パターンの違いについて考えてみよう．日本人は，親しい間柄でなければ，相手の目を見ないようにするのが礼儀にかなっている，という日本文化特有の理由から，相手の視線から目をそらす傾向がある．そうすることが相手のアメリカ人に疎外感を与える，というようなことは思いもよらない．同列のポライトネスの原理によって，前節で言及したイギリス人のカップルの行動は，ほとんどの日本人にとっては礼儀正しいものであり，まさしく同調できる．日本人も公共の場では知らない人の存在にあえて注目しない傾向があるからにほかならない．

　次の図式は，個人の会話スタイルの形成に影響すると考えられる，四つの対立的要因に基づいて，日本人とアメリカ人の価値観の位置付けを極端に単純化して示したものである．

(8)　　日本人　　　　　　　　　　　　アメリカ人
　　　均質性（homogeneity）　　　⟵⟶　多元主義（pluralism）
　　　相互依存（interdependence）⟵⟶　個人主義（individualism）
　　　親密性（involvement）　　　⟵⟶　独立性（independence）
　　　間接性（indirectness）　　　⟵⟶　直接性（directness）

この図式からはいろいろな傾向が読み取れる．日本人は，自分たちの均質性を意識し，互いの相互依存性，親密性を重視する傾向がみられ，間接的なものの言い方が好きである．一方，アメリカ人は自分たちの社会の文化的多元性を意識し，個人主義的で独立心が強い傾向があり，率直にものを言い，直接的な話し方をする．日本人とアメリカ人は，この四つの価値観に関して，いわば対極に位置しているということができる．

　(8)の図式では，5.2節で触れた，白人のアメリカ人とアフリカ系アメリカ人の違いは考慮されていない．さらに注意が必要なのは，これによって，二項対立的な考え方を提案しているのではないということである．両

第 9 章　言語と文化の複合メタメッセージ　　　　　　　　　　199

者の違いは，単なる一般的傾向や程度の問題であって，人や文化を二つの陣営に分けることを提案しているわけではない．日米以外の文化に関しては，それぞれの価値という点で，この二つの文化の中間のどこかに位置していると考えられる場合が多く，また，日本人よりも左に，またアメリカ人よりも右に位置している文化や民族が存在していることも十分考えられる．例えば，イスラエル人は，しばしばアメリカ人よりも直接的な会話スタイルで話すと言われる (Wierzbicka (1991), Clyne (1994) を参照). また，ジャワ語の話し手は，日本人よりもさらに間接的な話し方を好むと言われている．

　図式 (8) は，一見しただけで，国民や文化を単純化して捉えていることは明らかであるが，これを提案した意図は，単に，同じ人間でありながら，さまざまな，時に正反対の価値観があることを示すことであった．同じ国の中にもいろいろな人がいて，個人的な違いが存在することを否定することではない．日本人の中にもアメリカ人以上に個人主義的で率直なもの言いをする人もいれば，アメリカ人の中にも，相互依存性が高く，間接的な話し方を尊重する人もいる．

　しかし，一般的傾向の存在は否定できず，価値観の違いによる誤解は起こり得る．Condon (1984: 42) は，あるアメリカ人の東京支社長の話を報告している．そのアメリカ人支社長は，一緒に仕事をした部下や取引先の日本人を，主に会話スタイルに基づいて評価していたのだが，数年間日本で働いた後で間違いに気づいた．「自分でも気がつかないうちに，私は，迅速，明瞭，直接的な質問は，明敏な聞き手であり，仕事のできる人物の印であると考えていた．単にこのような反応の仕方をしなかったという理由のために，私は，会社内でも会社の外でも，どれほど多くの日本人を誤解してきたことだろう．私はこれまで，日本人的ではない最も無能な人を何人も雇い，最も有能な人を拒絶してしまっていたのだ．」

　また，状況によっては，ビクトリア時代風の言葉遣いを保持しているアメリカ人よりも，日本人のほうがより直接的なもの言いをすることもある．アメリカ人も日本人と同程度に間接的な言い方をすることもある．し

かし，アメリカ人は，日本人とは別の事柄について間接的になるのである．日本に留学してきたアメリカ人学生が，日本人から，個人的なことを根掘り葉掘り聞かれ，日本人は慎み深く，他人に気配りをする国民だと思っていたのに驚いた，という報告をよく耳にする．さらに，「間接的なものの言い方をする」ことは，アメリカ人にとって日本人とは異なる意味をもっている．例えば，プライバシーに関する考え方が異なっており，年齢や住所などは，アメリカ人にとってはプライベートな事柄とされるが，日本ではそうではない．アメリカ人は気軽にお互いの収入を訊いたりするが，日本ではそういうことはしない．間接的になるのは，非常にデリケートで注意を要する，あるいは相手の出方に神経質になっていることを意味し，そこには明らかなメタメッセージが感知できる．それに対して，日本人の間接性は，多かれ少なかれ，生活の一部として慣習化している．日本人が特に親切で思いやりのある民族であるから，他人の反応を気にしているというわけではない．運命共同体として自分たちの生活が他人と切り離し難く結びついていると考えているためである．

## 6. 間接性とポライトネス

### 6.1. 間接性

図式 (8) にみられる対立する価値観のうち，コミュニケーションスタイルに関する議論におそらく最もよく登場するのは，「間接／直接」の対立である．間接性は，メタメッセージの観点から，コミュニケーションにとって基本的なものである．人間はいつでもどこでもメタメッセージによるコミュニケーションを行っており，いつでも自分の言いたいことを全部ことばにして言うわけではない．Tannen (1985) によると，間接的コミュニケーションは，(8) に掲げた，もう一つの価値観である「親密／独立」の対立回避のために有用である．すなわち，われわれは，自分の言いたいことをそのまま述べるのではなく，メタメッセージの形で自分の意図をうまく伝えるようにすることで，「親密」と「独立」という矛盾する二つの欲

求のバランスをとり続ける努力をしている．また，言いたいことをすべて言わなくても分かってもらえれば，親密な関係（rapport）と自己防衛（self-defense）という価値観・欲求の面でも有利である．間接的に言うことによって対決を避けることができ，何が起ころうと，話し手も聞き手も顔を潰さないで済むからである．さらに，口にしなくてもあるいは短い表現で，意思を通じ合うことができれば，3.2節で述べた連帯感の確認に通じ，それ自体に情動的喜びを見いだすこともできる．

日本人の間接的コミュニケーションを論じる際には「タテマエ（立て前／建前）」と「ホンネ（本音）」という二つの概念の理解が欠かせない．この二つは，対立的なものではなく，並行的に働く二重標準（double standard）を指すことばである．「タテマエ」は，文字どおりには建物の外部構造を意味する語であり，比喩的に，外面的に想定されること，表面に現れるものを指す．「ホンネ」は，文字どおりは「本当の声」という意味で，本当に思ったり考えたりしていることであり，それがメタメッセージの一部として発信されるのである．日本人は何かを言わないで代わりにヒントを送り，また他人が言わないでいることを推量することによってヒントを受け取る，というコミュニケーションの妙技を日常的に行っているということになる．

実際の言語生活では，間接的コミュニケーションとして，「質問の前置き（pre-question）」，「ジョーク」，「婉曲語法」等さまざまな手段の活用が観察される．『今晩，忙しい？』などの質問の前置きを用いれば，直接誘って断られるのを回避できる．前置きの段階で否定されたとしても，自分の誘いに対する相手の拒絶からは身を守ることができるのである．アイロニー等のジョークには親密性と自己防衛という二つの利点がある．親密性に関する利点は，笑いの共有という情動的喜びとユーモアのセンスの共有確認である．また，自己防衛面の利点として，いざとなれば「冗談だよ」といって済ますという逃げ道が確保されている．婉曲語法は，正確であっても聞き手に不快感を与える語句を，たとえ不正確でも不快感の少ない語句で置き換えることによって，礼儀正しく，思慮分別があり，立派な

人間であるという，話者に関するメタメッセージを発する機能ももっている．

　日本人の間接的会話スタイル習慣は，ときとして，国際的な場面で悪評にさらされる．例えば「考えときましょう」「善処します」というような表現が，公式の場面で，聞き手の要求に応ずるつもりがないときにしばしば発せられる．その際に話者が送っているメタメッセージは，「拒絶」および「自分の善意」である．残念ながらこれは国際社会では通用しない．もう一つの社会的コードの例として，「京都の茶漬け」に代表される慣用句(idiom)がある．京都のお宅を訪問した際に，食事の提供を申し出られたり，「せめてお茶漬けだけでも食べて行ってください」と言われたなら，何が何でも断って帰らなければならない．そのような申し出が発するメタメッセージは，「もう帰ってほしい」というものだからである．これは，他文化の人には通用しない．食事を出すはめになった結果，「何という常識のない人だ」という誤った人物判断が下されることになる．

## 6.2. ポライトネスという複合メタメッセージ

　ポライトネスは，われわれが会話するときに考慮しなければならない要因の一つで，人間関係に関する幅広い意味合いをもつ概念である．R. Lakoff (1973) は，ポライトネスの動機付けを説明するために，次のようなルールを提示した．

　　(9)　ポライトネスの動機付けのルール
　　　　1.　押し付けがましくせず，距離を保て．(Don't impose: keep your distance.)　　　［第一のルール］
　　　　2.　相手に選択の余地，発言の機会を与えよ．(Give options: let the other person have a say.)　　　［第二のルール］
　　　　3.　友好的に振る舞い，友愛を保持せよ．(Be friendly: maintain camaraderie.)　　　［第三のルール］

例えば，誰かに飲み物を勧められたときにどのように振る舞うかという

と，次のような三種類の反応が考えられる．

(10)　a.　いいえ，結構です．
　　　b.　あなたと同じものをお願いします．
　　　c.　リンゴジュースをお願いします．

(10a) の場合は第一のルールに従っているといえる．(10b) の場合は第二のルールによるポライトネスを選択しており，(10c) の場合は，第三のルールによるポライトネスを実行している．このように同一の状況下で全く異なるポライトネスのルールが働く可能性があるのである．

Tannen (1985) は，「ポライトネスは諸刃の剣」であると述べ，次のような議論を展開している．

(11)　a.　他人の独立を尊重することは，無関心（全く関心がない，または関わりをもとうという気がない）ととられる可能性がある．(Respecting other's independence may be taken as indifference—not caring at all, or a lack of involvement.)
　　　b.　気配りと無関心の表現は，本来的に曖昧であり，どちらとも解釈される可能性もある．(Ways of showing caring and indifference are inherently ambiguous.)

問題なのは，5.2 節でみたように，自分とは違ったポライトネスの原理で動いている人がいることに，気がつかない場合が多いことである．善意に満ちた対応が，気持ちの行き違いや意図せぬ誤解を生む原因となってしまうのである．

　メタメッセージの機能についての研究が進み，自分たちの日常会話の基に，人間にとって普遍的な二つの欲求，すなわち他人と親密な関係を保ちたいという欲求と，放っておいてほしいという欲求が同時に存在することが明らかになってきた．ポライトネス理論をめぐっては，Brown and Levinson (1987) をはじめ，多くの言語学的研究が行われてきているが，

社会科学的側面も強く，幅広い影響力をもつ理論である．この分野の研究によって，人間がメタメッセージという手段を使って，人間関係に関わるこれらの普遍的な欲求にどのように対処しているか，また，対立する欲求の板挟み状態にどのように対処しているのかが，次第に明らかになってきている．

## 7. 新しい展望

コミュニケーションの上で誤解が生じるのはごく自然なことであり，驚くにはあたらない．問題は，時代の変化，社会の流動性が高まる中，昔からの知恵，常識，善意が常に役立つわけではなくなっていることである．誤解が生じた場合，互いに説明を求めても解決しないことが多い．本章でみてきたように，人間にとって自分の会話スタイルは自分にとって自明であり，相手に真意が伝わらないとなると，自分の意図が疑問視されたと考えて，不快感をあらわにしたり，気まずい思いをしたりするからである．

語用論分野の研究は，基本的に Austin (1962) と Grice (1967) の理論の枠組みを踏襲してきている．ここで，特に Grice の協調の原理 (cooperative principle) について改めて確認すると，その概要は，次のようなものであった．

> (12) 必要なことを必要なだけ述べよ．(Say as much as necessary and no more.) ［量の格律］
> 真実を述べよ．(Tell the truth.) ［質の格律］
> 関係のあることを述べよ．(Be relevant.) ［関連性の格律］
> 明晰に述べよ．(Be clear.) ［様態の格律］

異文化コミュニケーションに関する本章における議論をふまえてみると，(12)の原理は西洋社会の個人主義文化に基づいて構築されていることが分かる．これまでの考察で明らかになったように，別の価値観を有する文化では，直接的で正直な発言が常にコミュニケーションの目的達成に

貢献するとは限らないからである．例えば「言わなくても相手に理解してもらいたい」と思っているなら，その希望を口に出して伝えること自体がナンセンスである．さらに，自分が誠実に振る舞っていると思っても，他の人からは失礼な言動であるとみなされることがあるため，協調の原理とは別に，ポライトネスの観点からもコミュニケーションの阻害を究明する必要がある．

したがって，(12) の原理は，地球上のすべての地域の文化に適応するとは限らない．この観点から，これらの格律の修正や拡張の必要が生まれている．これまでに提出された修正案の例として，例えば，Clyne (1994) の議論をみてみよう．

(13) Clyne (1994: 191)
　　i. 異文化コミュニケーションは，対話者間の予想のずれによって，挫折するのみか，衝突が起こったり，ステレオタイプ的決め付けや偏見が生じる可能性がある．
　　ii. Austin の「最適性条件 (felicity condition)」や Grice の「質の格律」は東南アジアの文化では通用しない．

(14) Clyne (1994: 192)
　　Grice の協調の原理は文化ごとに異なった適用を考えなければならない．この原理は，実際，特定の文化に根ざしていて，融通がきかないものである．いくつかの格律に必ずしも従っていない談話行為でも，話し手の属する文化においては明らかに妥当であるケースが存在する．

ここでは詳述しないが，Austin の「最適性条件」とは，発話が目的を達するために満たされなければならない最小限の条件の集合のことである．Clyne の議論に関連して，Grice の第四の格律「明晰に述べよ」をオリジナルの，詳細な形で以下に引用する．

(15) 様態の格律
理解しやすいように述べよ．(Be perspicuous)；
すなわち
  i. 不明瞭な表現を避けよ．(Avoid obscurity of expression.)
  ii. 曖昧な言い方をするな．(Avoid ambiguity.)
  iii. 簡潔に述べよ（不必要な饒舌を避けよ）．(Be brief: Avoid unnecessary prolixity.)
  iv. 順序立てて述べよ．(Be orderly.)

(16) は，Clyne (1994: 195) が，異文化コミュニケーションの文脈に合うように (15) を修正したものである．

(16) 異文化間のコミュニケーションに適用するための修正版
  i. 様態の格律 (2)
     自己の伝達意図を明確にせよ．ただし，ポライトネスに基づく考慮，すなわち人間の和，思いやり，他者の尊重といった，人間の尊厳に関わる基本的文化的価値観に反しない限りにおいて行うこと．(Make clear your communicative intent unless this is against the interests of politeness or of maintaining a dignity-driven cultural core values, such as harmony, charity or respect.)
  ii. 様態の格律 (4)
     コミュニケーションにおいて，相手が期待していることを知っていたり，予想できることは，何でも考慮に入れて発言せよ．(In your contribution, take into account anything you know or can predict about the interlocutor's communicative expectations.)

Clyne の提案は，オーストラリアに居住し働いている 20 の異なる民族

の間で行われているコミュニケーションを，幅広く観察した結果に基づいたものである．この方面の研究は，その後も引き続き行われており，一層の発展が期待される．Clyne の切り開いた研究の方向性は，一部の地域だけに通用するものでなく，地球全体の文化に横断的に通用するコミュニケーション原理の追究に向けて，今後の語用論研究に多くの実りをもたらすものである．

## 8. おわりに

本章では，自然な談話要因としての複合メタメッセージの存在，特にメタメッセージの働きを概観した．われわれは，日常の人間関係の中で絶え間なく，暗黙のメタメッセージを送受信し続けている．最後に，グローバルで充実した人間社会の進展に寄与可能な，異文化コミュニケーションの方策と発話行為理論の発展についての展望を述べた．

コミュニケーションにおける誤解や挫折の危険に遭遇したとき，少なくとも自分の会話スタイルを変えてみることはできる．問題について直接的に語るのではなく，別の言い方を試みる，あるいは異なる想定を提示することによって，相手から異なる反応を引き出そうと努める．また，何が起こっているのかについての見解や論調を見直し，「ちょっと待てよ，相手が言ったことは，自分が解釈したのとは違うのかも知れない」と思い直してみる習慣をつけることもできる．

ここでは「文化」の定義については改めて扱わなかった．「国の文化」(national culture) という概念は有用であるかも知れないが，疑問の余地もある．同じ国に住む人々の間でも地域文化，年齢，社会階層，性別などによる違いから誤解が起こることもあるからである．「民族文化」(ethnic culture) という概念も有効であるが，そこには常にステレオタイプや偏見に陥る危険性が潜んでいることが明らかである．

第 10 章

# 異言語間のコミュニケーション
## ——言語と認知の多様性と普遍性——

## 1. はじめに

　人間はことばを主な通信手段として社会生活を営んでいる．コミュニケーションが順調に推移しているときには，そのプロセスに関わる要因に注意が向くことはない．しかし，コミュニケーションが頓挫するようなことがあれば，その原因を追求し，解明し，相互理解につなげようと努力する．しかしながら，コミュニケーションのプロセスは多様であり，当人たちも気がつかないうちに挫折していたというケースも多い．実際，コミュニケーションの障害はあらゆる段階でどの要素をめぐっても，また複合的な要因によっても生じる．本章では，特に，異言語間の壁に起因する例を取り上げ，言語と認知の関連性という観点からコミュニケーションの多様性と普遍性について考察する．
　言語はコミュニケーションの手段であるだけでなく，現実を把握し整理するための道具でもある．具体的な個々のコミュニケーション場面において，言語と文化は多様で複雑な結びつきの様相を呈しており，それらすべての面に人間による現実認識が深く関わっている．見方を変えると，人間の精神の働きがことばの意味の中に特にはっきりと反映されているということもできる．この点から考えると，コミュニケーションの挫折は，異文

化間，すなわち，異なる言語圏，社会階層，民族，性，年齢，職業の人の間で最も起こりやすいという予測が成り立つ．考えられる挫折原因として(i) 話し手と聞き手が異なる文化的背景をもっている，(ii) メッセージ表現法が相互に予想外のものである，(iii) 言語媒体（ほとんどの場合は言語の違い）が混乱を引き起こす，などがある．

近年の人類言語学研究の進展によって，すべてのコミュニケーションには，基本メッセージのほかに，聞き手に基本メッセージの受け止め方を指示するメタメッセージが必ず含まれているということが明らかになっている．メタメッセージは，話し手の声の大きさ，音調，抑揚，会話スタイル，顔の表情などにより伝えられる第二のメッセージであるが，話し手の伝達意図と聞き手の受け止め方の食い違いにより，しばしば混乱が生まれる．

ここでは扱わないが，ノンバーバルな文化の違いによるコミュニケーションの破綻もある．例えば，時間の観念の違い，贈答習慣の違い，体に触れるなどのボディーランゲージの使い方の違いなどが原因となることもある．また，無言のメッセージというものもあり，沈黙そのものが，状況により，怒り，退屈，尊敬，当惑，恨みなどのメッセージを伝えることも分かってきている．

世界の言語にはさまざまなタイプがあり，それぞれが異なる文化と結びついているが，すべての人間言語には，共通の核となる部分（普遍性）と，独自の世界観を反映している部分（多様性）とがある（Wierzbicka (1991, 1992, 1998) ほか）．本章では，最初に，言語の普遍的側面について考え，次に多様性の実態を概観した後，ことばの壁を越えて行うコミュニケーションの言語学的側面に焦点を当て，異言語間コミュニケーションの破綻要因について考える．

## 2. 言語の普遍的側面

人間は，日常生活の中で，発話を産出し，発話理解を行い，お互いに自分の考えや思いや情報を，言語信号（音声），文字，行動などの媒体

(medium) を通して伝達している．相手に何かを伝えたいと思う気持ちと同時に，聞いて真剣に受け止め，信じてもらいたい，さらには相手の考えや行動に影響を与えたいという願いをもっている．哲学者 Bertrand Russell (1980 [1940]: 204ff) は，ことばを用いる目的として，次の三つを認定している．

(1) a. 事実を提示する．
b. 話し手の状態を表現する．
c. 聞き手の状態を変える．

これらの三種の目的が，すべての発話に全部備わっているというわけではない．例えば，「痛い！」という叫びを誰もいないところで発した場合は (1b) のみが存在する．命令文，疑問文，願望文には，(1b)，(1c) は含まれるが (1a) は含まれない．嘘は (1c) および，考え方によっては (1a) を含むが，(1b) は含まない．前節で紹介したメタメッセージの存在を考慮すると，話し手の意識とは無関係にこれらの機能が働くことも考えられる．

　Wierzbicka (1998: 292) によれば，世界中の言語を見渡せば，文化の多様性とともに，Franz Boas が「人間精神の統一性」(the psychic unity of mankind) と呼んだものの存在が認められるという．この考えは次の Leibniz (1981 [1703]: 333) のテーゼに通じるものである．

(2) 言語は人間精神を最もよく映す鏡である．... ことばの意味を正確に分析することによって，人間悟性の働きについて何よりも多くのことが分かる．

この見解に沿って考えれば，言語構造には，膨大な多様性がみられる一方，人間悟性の核を成す部分に共通性が認められる．それは，単なる語彙項目の共通性（対応）存在だけではなく，共通の（あるいは対応する）文法パターンが存在し，その中で共通の語彙項目が用いられることを意味する．Wierzbicka (1991, 1992, 1998) は，この共通の核は「基本文」(basic sentence) の集合であり，その文法は原子要素 (atomic element) の可能

な分布パターンを示し，ことばの壁を越えてすべての言語に対応すると考えている．

人間の認知（情動を含む）の普遍的側面の研究は，このような言語学上の普遍性（linguistic universals）と切り離すことができない．人間の一般的な精神活動を解明するためには，特異な言語特徴ではなく，共通した普遍的特徴の研究を進める必要がある．

## 3. 多様性

言語の普遍性を追求する方向で研究が進む一方で，言語は，人間の思考や行動と切り離された存在ではなく，文化的価値観を反映し，人々の考え方を制約するコード（code）として働くという認識も広まってきている．すなわち，人間が自分の身の回りで起こっている事柄をどのように把握しているかが言語に反映されているというのである．この理論は，「サピア・ウォーフの仮説」（Sapir-Whorf Hypothesis）あるいは「言語相対論」（Linguistic Relativity）と呼ばれている．

(3) 言語は，社会的現実の手引きであり，文化の手引きである．人間の精神は，人間の本質を成す生得的・普遍的特徴によってのみ形成されるものではなく，各地で歴史的に受けつがれてきた特定の文化的特徴もその形成に関与している．

(Sapir (1949 [1929]))

この理論によれば，別の言語を話す人は考え方も異なる．なぜかといえば，言語が身の回りの世界を表現する際に異なったやり方を提供するからである．

Hinds and Iwasaki (1995) は，この仮説の有用性を英語と日本語の単文を対照させることによって示している．次の英文をみてみよう．

(4) My sister went to Tokyo.

この単純な文を日本語に訳すのは簡単な作業ではない．第一に，sister に当たる一語の日本語がないため，「姉」と「妹」という二つの単語のどちらかを選ばなければならない．[1] 英語話者は「きょうだい」を男と女に分けて考えるだけなのに対し，日本語話者は，男女の区別よりも，年上か年下かの区別を優先するのである．[2] (4) に類する文を元の意味に変更を加えずに逐語訳することは不可能である．明らかなのは，(4) の発話者が，話題になっている女のきょうだいが自分より年上であるか，年下であるかに無関心なことである．[3] しかし，日本語にするには，必ず，話者より年上か年下かのどちらかに決めなければならない．

Hinds and Iwasaki (1995) が指摘しているもう一つの点は，動詞末尾の常体・敬体の区別である．すなわち，(4) を日本語に翻訳するには，「行った」という常体と「行きました」という敬体のいずれかを選択しなければならない．（大人の）日本語話者はこのように常に，「ぞんざいな言い方をしても許される相手」（ウチ）と「礼節をもって対応しなければならない相手や場面」（ソト）の区別を意識しているが，英語話者はそういう区別をしない．

さらに，相手や場面によっては，「よ」，「ぞ」等の文末助詞の付加・選択の問題も出てくる．また，Hinds and Iwasaki (1995) では触れられていないが，英語の前置詞 to に対応する日本語には，助詞「に」と「へ」があり，両者の意味機能は微妙に異なっている．これについても，翻訳の際にはいずれかを選択しなければならない．このような日本語と英語の違い

---

1. 「姉妹」という漢語があるが，これは本質的に文語であり，関係概念あるいは複数としての「姉と妹」を指し，口語として日常的に個人を指して用いられることはない．brother に対する「兄弟」についても同様である．
2. 日本語の口語の「きょうだい」には，男女の区別はない．
3. この事実は，英語話者に年上・年下の区別ができないということを意味するものではない．日常的にその区別を重要なものと認識していないだけである．必要があれば，修飾語 older, elder, younger, little をつけることにより下位範疇化する．

は，それぞれのことばを話す人々の，ものごとの認知の仕方の違いを反映している．

　しかしながら，言語相対論は，言語構造が人々の考えや認識を制約するとは主張していない．単に，人が通常どのように考えるかに影響を与える傾向が認められると言っているだけである．普通に行うこと（無標）と行えること（有標）の区別は肝要である．しばしば指摘されるように，イヌイット語には「雪」を指す単語がたくさんあり，アラビア語には「ラクダ」を指す単語が多い．日本語には rice を表す単語（例：稲，籾，米，めし，ごはん，ライス）が多く，英語には「家畜」を指す単語（例：cattle, cow, ox, bull, calf, bovine）がたくさんある．de Boinod (2005) の調査によれば，ハワイ語には「芋」を指す言葉が 108 語，「漁業用の網」を指す言葉が 65 語，「バナナ」を指す言葉が 47 語ある．また，アルバニア語には，「口ひげ」を指す言葉が 27 語あるということである．このように，人間には，自分たちの身の回りの事物のうち特に重要と考えるものについて，詳細なカテゴリーに分けて考える傾向がある．一方，自分たちに関わりのない事物については，形や種類や状態による詳しい区別を行わない．しかし，それは区別できるかどうかではなく，あくまでも体系的にそれを行うかどうかの問題である．単語として存在していなくても，必要があれば「雌牛」，「雄牛」，「子牛」というように，修飾語を付けて区別できる．ただし，別の単語を用いる言語の場合は，例えば cow, ox, calf をそれぞれ別の物と認識し，修飾語を用いる言語は，同じ種の中の下位区分と認識しているという点で，ものの見方は大きく異なっている．

　このように，基本的に，言語と認知が言語共同体ごとに異なっているため，別の言語共同体出身の人が会話するときには，ことばと話し方を共有している人同士が会話するときに比べて，コミュニケーションが不調に終わる可能性が高い．例えば，「お世辞」を言われたときのアメリカ人とフランス人の反応を比べてみよう．アメリカ人は，どのようなお世辞に対しても，気軽なプレゼントを貰ったときと同じような調子で 'Thank you' と反応するよう社会化されている．例えば，'I like your sweater!' ─

'Oh, thank you!'(「素敵なセーターですね.」「あら，ありがとう.」）というような調子である．フランス人は，そのようなお世辞を個人のプライバシーの侵害と捉え，軽くあしらって，価値を軽んじる言動をとる．'Oh really? It's already quite old!'(「あら，そう？　もうずいぶん古いんですよ！」）といった具合である．[4] この反応の違いは，二つの文化における，お世辞の占める伝統的価値の違いと，個人的なコメントによって引き起こされる当惑度の違いに基づいている．別の文化に属している人同士でも，考え方や価値観や態度が共有されている場合には，コミュニケーションがスムーズに行われる．一方，考え方や価値観や態度に非常な隔たりがある別々の文化に属する人々が会話するときは，コミュニケーションに困難をきたしやすいと予想される．

　同一言語圏であっても，話し手の属する談話共同体（discourse community）が別々である場合は，コミュニケーションの挫折が起こりやすい．談話共同体とは，Kramsch (1998) の定義によると，「ことばの使い方に関する一連の目標と目的が広く共有されている社会集団」(a social group that has a broadly agreed set of common public goals and purposes in its use of language) である．談話共同体の成員は，考え方，行動パターンおよび価値観を共有している．同一の社会集団に属する成員間でことばのやり取りによって達成される交渉は，グループ特有の談話スタイルを形成する．さらに談話共同体のシンボル的な話し方や書き方のスタイルも存在する．同じ単語でも，別の談話共同体に属する人にとっては異なる意味的価値をもつ場合もある．また，同じ談話共同体の成員が，内々の目的のために言葉遣いを揃えることもある．ティーンエージャー特有のことば，職業集団の専門用語，政治家のレトリックなどがその例であり，

---

　4．この点で，フランス人と日本人の反応は表面的には類似しているが，原理的には異なっている．日本人の場合，お世辞を言われて否定的な言葉を返す理由は，「プライバシーの侵害」ではなく，「謙遜」である．

特徴的な文法，語彙，音韻，話題，情報提示の仕方，ことばを交わし合う際の会話スタイルなどが共有されている．

　同一国内で同じ言語を話す人同士であっても，異なる民族，社会，性の文化的背景をもつ人の間のコミュニケーションは，ことばの壁を越えた異言語間コミュニケーションであるということができる．したがって，談話共同体を異にする人々の間では，無意識のコミュニケーション・ギャップが生じる可能性がある．しかし，互いに同じ言語を話していると思っているため，ことばの壁の存在に気づかないことが多い．

## 4. ことばの壁

　人は自分の生まれ育つ環境で，一番手軽に接近可能な言語を第一言語（母語）として獲得し，ほとんどの場合，別の言語の存在が意識に上ることはない．他の文化と接触し，他人のことばが理解できないという現実に直面しない限り，自分たちのことばが集団の中でのみ通じ，他の人には理解できない意味を作り出しているなどとは考えない．これが世界の諸言語の間に立ちはだかる基本的な壁である．

　異言語間で「言語ショック」が起こることは容易に予想できる．次に引用するのは，元駐日アメリカ大使で歴史家でもあった Reischauer (1978) のことばである．

>　(5)　言語は，国際関係の構築にとって基本的な道具である．その際に日本語が主な話題となる．日本語は，他のどのような日本文化の特徴よりも明確に日本人を特徴付けているものである．しかし，外国との関係においては大問題の元となる．…外国との国際交渉の場において，ことばの壁がどれほど大きいかについて本当に理解している人は，日本の内にも外にもほとんどいない．

外国との交渉において日本語が壁となる可能性については，他でも指摘さ

れている。[5] 日本語だけでなく，Kramsch (1998: 17) によれば，それほど相互の隔たりが大きくないと思われている欧米の言語の間にもさまざまなことばの壁が存在する．例えば，コミュニケーションの障害要因として，次のような具体例を挙げられている．

(6) イギリス英語では横隔膜から下全部を stomach というが，アメリカ英語の stomach ache は bellyache とは別物である．

(7) バイエルンのドイツ語では，腰からつま先までの脚全体を das Bein という一語で示す．したがって，'Mine Bein tut weh' は英語の 'My foot hurts' の意味でも用いられ得るが，'Mine Bein tut weh' と同じことを英語で言うためには，少なくとも，hip, leg, foot の三つの単語が必要となる．

(8) 英語の soul や mind は，ロシア語の dusha に対応すると考えられているが，三者は別々のものを連想させる．ロシア人にとって，dusha は英語の soul や mind よりも使用頻度が高く，また宗教的に連想される善なるもの，ものごとの神秘的本質などと結びついており，英語の単語とはかなり別の概念を含んでいる．

上記のうち，(8) はことばの意味の中に文化が組み込まれていることによって，異なる文化的連想が引き起こされる例である．

　Kramsch (1998) は，同じ言語であっても文化的意味が時間の経過と共に変化することも指摘している．例えば，日本語の「あはれ／あわれ」「をかし／おかし」ということばが喚起する情緒は，平安時代と現在ではかなり異なっている．また，英語の silly は現在では否定的な評価につながる意味で使われるが，かつては「幸せな」あるいは「恵まれた」という肯定

---

　5. 例えば，Jay Rubin (1992), *Making Sense of Japanese: What the Textbooks Don't Tell You*, Tokyo: The Kodansha International 参照．

的で好ましい意味をもっていた．このような民族文化的あるいは時間的な隔たりによって，違う言語を話す人々の間や，時代を異にする人々の間で予期せぬ誤解が生じる可能性がある．[6]

　Wierzbicka（1998: 309）によれば，他言語に翻訳されたテクストの99％に何らかの問題が生じる．具体的には，意味が不十分にしか伝わっていなかったり，不可避的に余計な意味が付け加わったりしてしまうということである．99％という数字をそのまま受け入れるべきかについては議論のあるところであるが，同じ趣旨の指摘は，Reischauer（1978）にも見られる．

　(9)　英語と日本語は，たとえ翻訳者が両言語に精通している場合であっても（そんなことはめったにないが），一方からもう一方へ翻訳する際，根本的な変容を余儀なくされる．語順がおおむね逆になり，明確であったはずの内容が不明瞭なものに変わったり，丁寧な表現が侮辱的なものになったりする．文字どおりに正確に翻訳されたものであっても，主旨が全く異なるものに変わっていたりする．…私は，アメリカ人の発した質問が少々間違った翻訳によって日本人に伝わり，それに対する日本人の返答がまた間違った翻訳によってアメリカ人に伝わるという現場をしばしば目撃した．質問したアメリカ人は，的外れな返答に驚き，日本人のメンタル・プロセスは自分とは異なっているらしいという結論に達する事態となる．

## 5.　言語に反映された民族文化的価値観

　言語は，例えてみれば，色眼鏡のようなもので，使用する人にそれぞれ

---

　6．現実には，古い時代のことばを後の時代の人が誤解する可能性があるということである．その逆は当然あり得ない．

独特のものの見方を提供する．各々の自然言語が独自の世界観を内蔵しており，そこに民族心理も含まれているからである．しかし人間は，自分たちの常識がいかにローカルなものであるかということにふつうは気がつかないため，地域言語の使用は自民族中心主義的（ethnocentric）な偏見につながる危険がある．

　Jackendoff (1993: 207) は，他文化の解説をするときには，どんな場合でも自民族中心主義を回避できず，自分たちのもつ文化的・理論的偏見の押し付けになると述べている．言語についてはどうであろうか．他言語についての見解を述べる際は，説明者の視点から行われるため，どんなものでも必然的に自分の色に染めてしまい，偏見の入ってしまう危険性がある．ネイティブ・スピーカーにとって，自分のことばは身体に染み付いており，恣意的な記号などではない．ことばは，いわば自分の生活を形成している，自然な身体的基礎構造の一部である．人間は，特定の談話共同体に社会化 (socialize) されると，そこでの言語使用を完全に自然なものとして身につける．このことを示す典型的な逸話を紹介すると，スイスのドイツ語圏に住んでいる農婦が「フランス語では，なぜ Käse のことを fromage というの？　Käse のほうがずっと自然なのに」と言ったという話がある．[7] 一方，フランス語圏で育った人は，男性名詞の太陽 (*le* soleil) はどう考えても男性的な存在であり，女性名詞の月 (*la* lune) は女性的な存在であると断言する (Kramsch (1998: 21))．[8]

　事実の叙述が主たる目的である場合でも，自民族中心主義的になりがちである．自分が見たとおりに伝えているつもりでも，分析は自分の言語で行うため，当該の行為・出来事・状態が自民族中心主義的に概念化されるからである．そもそも，語彙項目の中に自民族中心主義的な世界認知が含まれているにもかかわらず，ふつう，話し手はことばのもつ文化特定的な

---

7. Käse も fromage もチーズを指す言葉である．
8. ドイツ語では，フランス語とは逆に，太陽が女性名詞，月が男性名詞である．

側面を意識していない．例えば，anger, fear, sadness などの感情語が，人間にとっての普遍的な概念ではなくて，アングロ・サクソン的認知の所産であることに気がついている英語話者はほとんどいない．Wierzbicka (1998: 292-293) は，この点に関して次のように述べている．

> (10) われわれは，mind, emotion, self というような，研究書の中で使われ続けている言葉にどっぷりと浸かっており，それらが文化を超越した分析の道具であるかのように考えているが，実際にはこれらの言葉は，特定の言語とその知的伝統が作り上げた文化的所産である．英語の mind は，フランス語の esprit ともドイツ語の Geist とも異なる意味をもっている．また英語の emotion はフランス語の sentiment ともドイツ語の Gefühl とも異なっている．…フロイドの学説は，アメリカで大変な人気を博し大成功をおさめているが，その重要な部分は誤解されている．キーワードの Seele は英語訳では mind になっているからである．[9]

日本語についても同じことが言える．英語の mind に相当する言葉は日本語には存在しない．「心」「精神」「知性」などと翻訳されるが，どれもぴったりした訳語ではない．逆に，日本語の「心」は英語にうまく訳せない．spirit, soul, heart, mind のどれを用いても「心」と同じコンセプトは伝わらない．このような語彙の不一致は，ことばの壁を越えたコミュニケーションにおける混乱やいらだちの原因となる．

以上の事実から「ことばが異なれば世界も異なる」といえるが，近年，心理言語学の研究の進展によって，基本的な言語上の概念は幼児期に学習

---

9. Weirzbicka は，Seele の英訳に際して mind よりも適切な語があると主張しているのではない．あろうとなかろうと，Freud の著作の英語版で mind が Seele の翻訳として使われたためにゆがみが生じているという事実は変わらない．

されることが分かってきた．すなわち，語彙上・文法上の特性は，幼児が，社会の一員としてのふさわしい振る舞いを習得するよりもずっと早い段階で，文化的に伝承された概念と共に習得されるということである．Hinds and Iwasaki (1995: 68) は，幼い子どもを相手に，「がらがら」のようなものを見せたり隠したりという動作を繰り返す遊びに注目し，文化による違いについて次のように論じている．日本語圏でも英語圏でも同じような動作を行うが，子どもに対する語りかけのことばが異なる．日本語では『ない，ない』と言う．結果として，この遊びを通じて日本人の子どもが身につけるのは，物事をあるがままに受け入れるという態度である．一方，英語では "Where did it go?"（どこへ行った？）と語りかけ，ことばが話せるようになっている場合には返答を求める．このように，英語圏の文化では，遊びを通して子どもに好奇心を起こさせ，ものごとをそのまま受け入れるのではなく，考えて発言させる訓練を行う．つまり，二つの言語でみられる子どもに対する語りかけのことばの違いが，子どものものの見方や言語行動様式の形成に影響するというわけである．

Hinds and Iwasaki (1995: 69) は，また，日本語における受け身表現の使用をめぐって，興味ある指摘を行っている．次の例をみてみよう．

(11) a. 昨日，兄に家まで送られた．[10]
    b. I was escorted home yesterday by my older brother.

どちらも受け身表現であるが，(11a) と (11b) が表している意味合いは同じではない．日本語文に見られる情動的含意 (emotional connotation)（ある種の決まり悪さ）が，英語文には全く存在しない．もちろん，英語

---

10. (11a) は意味内容的に (11b) に対応する日本語表現であって，文法的には間違いではないが，実際に使われる機会はあまりない．その理由は，Hinds and Iwasaki が言うように，このままでは，情動的含意が伴うからにほかならない．そこで，通常は「やり・もらい」表現を付加して「送ってもらった」のように言う．それによって，「決まり悪さ」の含意が消え，代わりに「恩義」の意味が付け加わる．

話者が情動的含意を表さないわけではなく，このような場合の事態の認識における，ふつう（無標）のやり方ではないというだけのことである．

## 6. 会話スタイルとレトリックの違い

　会話スタイルとは，会話に参加する際の態度や駆け引きの仕方，ことばのやり取りにおける身の処し方や話しっぷりを指す．会話スタイルは，個人によって，民族文化的背景によって，また発話場面によって異なっている．個人による違いとしては，例えば，大声で押しの強い話し方をするとか，遠慮がちにぼそぼそと話すとか，単刀直入にはっきりものを言うとか，回りくどい言い方をするなど，さまざまなタイプがある．同じ談話共同体に属する人々の中での違いであるならば，個人レベルの多様性ということになるが，民族文化的背景や社会集団特有の会話スタイルに由来する多様性というものもある．

　ニューヨークのユダヤ系の人々の会話特徴として，パラ言語（paralanguage）[11]や人称代名詞の頻繁な使用，発言重複傾向等がしばしば話題になる．Tannen（1984b, 1985）によると，ユダヤ系ニューヨーカーにとって，パラ言語はエンパシー（empathy）表示機能をもち，人称代名詞の頻繁な使用は，個人的コミットメントや聞き手に対する関心の高さを示す機能がある．また，人の話に割って入ったり，人が話しているときに重なるようにして話す傾向があり，会話の進展に対する協力度が高いことを示している．これに対して，同じアメリカ人でも，ずっとことば少なく，簡潔に，正確を期して話すタイプの，いわば「おとなしい会話スタイル」を用いる別の文化の人からみると，ユダヤ系の人々の，自分が話しているときに口を挟んできて，まくしたてるやり方や，絶え間のない相づちや間投詞の挿入は，協力的態度というよりも発言権の侵害であると感じ

---

11. 発話付随音声現象．声の質，強弱，テンポなどの音声や発声法の特徴．

る．そうなると「ユダヤ系のニューヨーカーは，わめき散らしてばかりいる我慢のならない人だ」というような評価がなされる．反対にユダヤ系の人々からみると，そのような相手は「よそよそしくて，付き合いにくい人」ということになってしまう．

状況や文脈による会話スタイルの切り替えは，敬意表現の使用の有無とも関連するものであって，ほとんどの人は意識的に行っている．例えば，就職の面接に臨んでいるときと，友人とおしゃべりをしているときとでは会話スタイルが同じではないのがふつうである．面接のようなフォーマルな場面では，面接をする側は，発言が重ならないように気を配り，抑制の効いた話し方で，客観的，専門的に話す．一方，面接を受ける側は，自分が高い能力をもった信頼できる人物であるという印象を与えるため，慎重に答えを選んで話す．面接をする側もされる側も，友達と話すときとは明らかに異なる会話スタイルを用いることになる（Kramsch (1998: 47-48)）．

このように，同じ人や文化でも，状況が変われば，会話スタイルをさまざまに切り替えて対応することがあるため，特定の個人や文化を一つの会話スタイルに短絡的に結びつけて考えるのは避けなければならない．しかし，気質や育ちによって習慣化された話し方や，個人ごとに特有の無意識の会話スタイルがあるという傾向は認められる．Tannen (1985) は，多くの具体例を用い，会話スタイルの違いから生じる，人間関係にまつわる深刻な諸問題を鋭く分析した研究を報告している．また Tannen (1990)[12] では，ジェンダーの壁によるコミュニケーション障害を，異文化コミュニケーションの観点から分析し，会話スタイルの重要性を詳細に論じている．

レトリックにも言語ごとに好みがある．何が効果的な話し方であり，文

---

12. この本は，全米ベストセラーとなり，さらに，ヨーロッパを中心に世界中に広い読者層をもっている．

章構成法であるかの判断は文化ごとに異なり，それがコミュニケーションの挫折を生む可能性が存在する．例えば，英語では，「導入—本文—結論」という三部構成の情報提示法が好まれる．しかし，他の言語でもそうであるとは限らない．例えば，中国古典の伝統の影響を受けている文化における効果的な情報提示法といえば，「起・承・転・結」の四部構成である．したがって，ある文化において好まれる文章構成法は，他方の文化においては低い評価を受ける運命が待っている．

日本人とアメリカ人のコミュニケーションのつまずきの主な原因に，レトリックのテクニックが関係していることも多い．なぜならば，日本人は，結論を言う前に理由や背景をすべて述べる傾向がある．一方，アメリカ人の好む文章は，答え（結論）を最初に提示し，理由や説明をその後から述べるものである．換言すれば，アメリカ人は情報を演繹的に提示するのを好む．すなわち，一般論から出発し，個別具体的なことはその後で述べる．一方，日本人は情報を帰納的に提示するのを好み，具体的な情報を先に提示し，一般論は最後に述べる傾向がある．

## 7. 一般論とステレオタイプ

民族文化的行動パターンに関して，次のような一般化がしばしば行われる．

(12) a. アメリカ人は詮索好きだ．
b. 日本人は，ものごとを素直に受け入れ，自然をあるがままに受け入れる．
c. オーストラリア人は，声がでかい．

これらの中には，具体的な観察から推論した結果を述べているもので，正当な一般論と言えるものもある．一般論は例外の存在を認めており，それなりに役に立つことがある．しかし，過剰一般化やステレオタイプの危険性は常に潜んでいる．

ステレオタイプとは，集団に対する単純化し過ぎる捉え方であり，しばしば否定的特徴付けを伴う．そのため，ステレオタイプは事実認識の障害となり，対象となっている集団の構成員との効果的コミュニケーションを困難にする．(13) は悪意に満ちたステレオタイプの例である．

(13) a. 中国人は信用できない．
b. メキシコ人は汚い．
c. アメリカ黒人は論争好きで，攻撃的で，けんか腰で，敵対的だ．
d. アメリカ白人は，責任逃ればかりして，自慢好きで，攻撃的で，尊大だ．
e. 日本人はせこい．

言語や文化の壁を越えたコミュニケーションを効果的に行うためには，ステレオタイプ的思考を捨て，一人一人の人間をかけがえのない個人として認識することが決定的に重要である．

## 8. 聞き手の役割と「バカの壁」

Tannen (1984b) は，異文化コミュニケーションの障害になる違いには八つのレベルがあると述べている．すなわち，(1) いつ話すか (when to speak)，(2) 何を言うか (what to say)，(3) 話すペースと間の取り方 (pacing and pausing)，(4) 聞き手の役割 (listenership)，(5) イントネーション，(6) 形式ばっている度合い (formality)，(7) 間接性 (indirectness)，(8) 結合性 (cohesion) と首尾一貫性 (coherence) の八つである．ここでは，聞き手の役割について考えてみたい．

コミュニケーションが成功するかどうかは，聞き手の感度や理解力に多く依存する．人はそれぞれ自分のやり方で周りの世界を解釈し，しかも，皆が自分と視点を共有していると信じている傾向がある．そこで，誰もが同じものの見方をしていないことが分かると大変な驚きとなる．実際，同

じコミュニティーに生活している人の間でも，見方・考え方が異なることがある．それが分かっても，自分の世界観を他人に説明するのは難しいし，自分の見方が正しいことを説明するのはもっと難しい．

養老 (2003) は，コミュニケーションの障害として，自身が「バカの壁」と呼ぶ，心理的な壁の存在を指摘している．それは他人の話を聞いて理解しようとする気持ち・態度の欠如を指している．つまり，他人の話に耳を傾けるのをやめたり，拒絶したりして，自分で作り上げた目に見えない壁の中に閉じこもることである．知識によって視野を広げることができるのに，狭い自分の殻の中に引きこもって，外の世界で起こっていることを理解しようとせず，自分以外の人の信念，価値観，視点を理解しようとしない人がいるのである．聞き手がこのような態度で，話に耳を傾けてくれないなら，コミョニケーションは成立しようがない．戦争，テロ，民族紛争，宗教闘争などはこのようなコミュニケーションの破綻が引き起こす危険の極端な例といえる．

## 9. おわりに

コミュニケーションは，本質的に文化相対的なもので，文化ごとに異なる様相がみられる．ものごとを伝えるときには，必然的に語り手の視点によって色付けされるが，過度に相対的になる必要はなく，自民族中心主義の危険性を認識しておくことだけが肝要である．また，コミュニケーションの挫折の危険に直面したときには，善意 (good will) だけではどうにもならず，Jackendoff (1993: 208) のいう「他者の意見に対する理解力」と「人は誤りを犯しやすいものだということの自覚」が必要である．

国際交渉の場面では，世界観の違いに起因する誤解が多く関わってくる．確かに，誰もが共有する普遍的常識というものは存在する．しかし，個別の違いのほうが，この共通の核の部分よりもずっと大きいというところが問題である．誤解の大きな原因は，誰もが同じ世界観をもっているという思い込みであり，ことばの壁を越えたコミュニケーションを効果的に

進めるためには，誤解が生ずる可能性についての自覚が不可欠である．意味を創造し表現するために，われわれが用いている，言語というとてつもなく複雑で，文化相対的で，常に変化し続ける媒体の働きに関して，この方面からのさらなる研究が期待される．

# 参考文献

Aitchison, J. (1987) *Words in the Mind: An Introduction to the Mental Lexicon*, Blackwell, Oxford.
Allan, K. (1980) "Nouns and Countability," *Language* 56, 541-567.
Allan, K. (1986) *Linguistic Meaning*, vol. 2, Routledge & Kegan Paul, London.
Alsina, A. (1992) "On the Argument Structure of Causatives," *Linguistic Inquiry* 23, 517-555.
Alsina, A. (1993a) "The Monoclausality of Causative Constructions in Romance," ms., Stanford University.
Alsina, A. (1993b) *Predicate Composition: A Theory of Syntactic Function Alternations*, Doctoral dissertation, Stanford University.
Alsina, A. and S. Joshi (1992) "Parameters in Causative Constructions," presented at the 27th Regional Meeting of the Chicago Linguistic Society, University of Chicago.
Alsina, A. and S. Mchombo (1990) "Object Asymmetries in Chichewa," ms., Stanford University and University of California, Berkeley.
Alsina, A. and S. Mchombo (to appear) "Object Asymmetries and the Chichewa Applicative Construction," *Theoretical Aspects of Bantu Grammar*, ed. by S. Mchombo, CSLI Publications and University of Chicago Press, Stanford.
Amritavalli, R. (1979) "The Representation of Transitivity in the Lexicon," *Linguistic Analysis* 5, 71-92.
安藤貞雄（1986）『英語の論理・日本語の論理：対照言語学的研究』大修館，東京．
荒木一雄・安井稔（編）(1992)『新英文法辞典』三省堂，東京．
Ariel, M. (1990) *Accessing Noun Phrase Antecedents*, Routledge, London.
Austin, J. L. (1962) *How to Do Things with Words*, Harvard University Press, Cambridge, MA.
Bache, C. and N. Davidsen-Nielsen (1997) *Mastering English*, Mouton de Gruyter, Berlin.
Baker, M. (1992) *Incorporation: A Theory of Grammatical Function Changing*, University of Chicago Press, Chicago.
Bateson, G. (1972) *Step to an Ecology of Mind*, Ballantine, New York.

Behrens, L. (2005) "Genericity from a Cross-linguistic Perspective," *Linguistics* 43:2, 275–344.
Belletti, A. (1990) *Generalized Verb Movement: Aspects of Verb Syntax*, Rosenberg and Sellier, Torino.
Belletti, A. and L. Rizzi (1988) "Psych-verbs and TM-theory," *Natural Language and Linguistic Theory* 6, 291–352.
Bhat, D. N. S. (2000) "The Indefinite-Interrogative Puzzle," *Linguistic Typology* 4, 365–400.
Bolinger, D. (1967) "Adjectives in English: Attribution and Predication," *Lingua* 18, 1–34.
Bolinger, D. (1971) *The Phrasal Verb in English*, Harvard University Press, Cambridge, MA.
Bolinger, D. (1972) *That's That*, Mouton, The Hague.
Bolinger, D. (1977) *Meaning and Form*, Longmans, London.
Bolinger, D. (1980) *Language: The Loaded Weapon: The Use & Abuse of Language Today*, Longman, London.
Bresnan, J. (1982a) "The Passive in Lexical Theory," in J. Bresnan (ed.) (1982b), 3–86.
Bresnan, J., ed. (1982b) *The Mental Representations of Grammatical Relations*, MIT Press, Cambridge, MA.
Bresnan, J. (1990) "Levels of Representation in Locative Inversion: A Comparison of English and Chichewa," ms., Stanford University and Xerox Palo Alto Research Center, Stanford, Palo Alto.
Bresnan, J. and J. Kanerva (1989) "Locative Inversion in Chichewa: A Case Study of Factorization in Grammar," *Linguistic Inquiry* 20, 1–50.
Bresnan, J. and J. Kanerva (1992) "The Thematic Hierachy and Locative Inversion in UG: A Reply to Paul Schachter's Comments," *Syntax and Semantics* 24: *Syntax and the Lexicon*, ed. by E. Wehrli and T. Stowell, 111–125, Academic Press, New York.
Bresnan, J. and L. Moshi (1990) "Object Asymmetries in Comparative Bantu Syntax," *Linguistic Inquiry* 21, 147–185.
Bresnan, J. and A. Zaenen (1990) "Deep Unaccusativity in LFG," in K. Dziwirek et al. (eds.) (1990), 45–57.
Brown, K. and J. Miller (1999) *Concise Encyclopedia of Grammatical Categories*, Elsevier, Amsterdam.
Brown, P. and S. Levinson (1987) *Politeness*, Cambridge University Press, Cambridge.
Brown, R. (1958) "How Shall a Thing be Called?" *Psychological Review* 65, 14–21.

Burzio, L. (1986) *Italian Syntax*, D. Reidel, Dordrecht.
Carlson, G. (1977) *Reference to Kinds in English*, University of Massachusetts.
Chafe, W. (1971) "Linguistic and Human Knowledge," *The Twenty-second Annual Round Table Meeting on Linguistics and Language Studies* 55–77, Georgetown University.
Chafe, W. (1994) *Discourse, Consciousness, and Time: The Flow and Displacement of Consciousness Experience in Speaking and Writing*, University of Chicago Press, Chicago and London.
Channon, R. (1980) "Anaphoric *that:* A Friend in Need," *CLS: Papers from the Parasession on Pronouns and Anaphora* 98–109.
Chung, S. (1978) *Case Marking and Grammatical Relations in Polynesian*, University of Texas Press, Austin.
Clements, G. N. (1975) "The Logophoric Pronoun in Ewe: Its Role in Discourse," *Journal of West African Languages* 2, 141–177.
Clark, H. H. and E. V. Clark (1977) *Psychology and Language: An Introduction to Psycholinguistics*, Harcourt Brace Jovanovich, New York.
Clyne, M. (1994) *Inter-cultural Communication at Work*, Cambridge University Press, Cambridge.
Collins, C. and H. Thráinsson (1996) "VP-internal Structure and Object Shift in Icelandic," *Linguistic Inquiry* 27:3, 391–444.
Comrie, B. (1979) "The Animacy Hierarchy in Chukchee," *Papers from the Conference on Non-Slavic Languages of the USSR*, 322–330, Chicago Linguistic Society.
Condon, J. D. (1979) *Cultural Barriers: Considerations for the Internationaly-Minded,* Nan'un-do, Tokyo.
Condon, J. D. (1984) *With Respect to the Japanese*, Yohan, Tokyo.
Corbett, G. and R. Hayward (1987) "Gender and Number in Bayso," *Lingua* 73, 1–28.
Courtney, R. (1983) *Longman Dictionary of Phrasal Verbs*, Longman, London.
Croft, W. (1991) *Syntactic Categories and Grammatical Relations*, University of Chicago Press, Chicago.
Croft, W. (1994) "Semantic Universals in Classifier Systems," *Word* 45, 145–171.
Curme, G. O. (1931) *Syntax*, A Grammar of the English Language, vol. 3, Heath, Boston.
Dalrymple, M. (1986) "Long-distance Reflexivization and Focus in Marathi," ms., Stanford University.

Dalrymple, M. (1990) *Syntactic Constraints on Anaphoric Binding*, Doctoral dissertation, Stanford University.

Davies, W. and C. Rosen (1988) "Unions and Multipredicate Clauses," *Language* 64, 52–88.

Dean, P. D. (1987) "English Possessives, Topicality, and the Silverstein Hierarchy," *BLS* 13, 64–76.

De Boinod, A. J. (2005) *The Meaning of Tingo*, Penguin Books, London.

Declerck, R. (1991) *A Comprehensive Descriptive Grammar of English*, Kaitakusha, Tokyo.

Dixon, R. M. W. (1979) "Ergativity," *Language* 55, 59–138.

Donnellan, K. (1966) "Reference and Definite Descriptions," *Philosophical Review* 75, 281–304.

Dor, D. (2005) "Toward a Semantic Account of *that*-Deletion in English," *Linguistics* 43:2, 345–382.

Dowty, D. (1979) *Word Meaning and Montague Grammar*, Reidel, Dordrecht.

Dowty, D. (1982a) "Grammatical Relations and Montague Grammar," *The Nature of Syntactic Representation*, ed. by P. Jacobson and G. Pullum, 79–130, Reidel, Dordrecht.

Dowty, D. (1982b) "More on the Categorial Theory of Grammatical Relations," *Subjects and Other Subjects: Proceedings of the Harvard Conference on Representation of Grammatical Relations*, ed. by A. Zaenen, Indiana University Linguistic Club, Bloomington.

Dowty, D. (1987) "Thematic Proto-roles, Subject Selection, and Lexical Semantic Defaults," presented at the Annual Meeting of the Linguistic Society of America, San Francisco.

Dowty, D. (1991) "Thematic Proto-roles and Argument Structure," *Language* 67, 547–619.

Du Bois, J. (1980) "Beyond Definiteness: The Trace of Identity in Discourse," *The Pear Stories: Cognitive, Cultural and Linguistic Aspects of Narrative Production*, ed. by W. L. Chafe, Ablex, Norwood, NJ.

Dziwirek, K., P. Farrell and E. Mejias-Bikandi, eds. (1990) *Grammatical Relations: A Cross-theoretical Perspective*, CSLI Publications, Stanford.

Elliot, M. (1981) *Grammatical Number*, Doctoral dissertation, City University of New York.

Farkas, D. (1982) *Intensionality and Romance Subjunctive Relatives*, Doctoral dissertation, University of Chicago.

Farkas, D. (1988) "On Obligatory Control," *Linguistics and Philosophy* 11, 27–58.

Fillmore, C. (1966) "Toward a Modern Theory of Case," The Ohio State University Project on Linguistic Analysis, Report 13, 1-24, Columbus, Ohio.

Fillmore, C. (1997) *Lectures on Deixis*, CSLI Publications, Stanford.

Fodor, J. D. (1974) "Like Subject Verbs and Causal Clauses in English," *Journal of Linguistics* 10, 95-110.

Fraser, B. (1974) *The Verb-Particle Combination in English*, Taishukan, Tokyo.

Frege, G. (1892) "Über Sinn und Bedeutung," *Zeitschr.f. Philosphie und Philosoph. Kritik* 100, 25-50. English translation: "On Sense and Reference," in Geach and Black (1960). [Reprinted in Zabeeh et al. (eds.) (1974) *Readings in Semantics*, University of Illinois Press, Urbana.]

Fromkin, V. and R. Rodman (1998) *An Introduction to Language*, 6th ed., Harcourt Brace, Fort Worth.

Gary, J. and E. L. Keenan (1977) "On Collapsing Grammatical Relations in Universal Grammar," *Syntax and Semantics: Grammatical Relations*, ed. by P. Cole and J. Sadock, 83-120, Academic Press, New York.

Gensler, O. (1977) "Non-syntactic Antecedents and Frame Semantics," *BLS* 3, 321-334.

Gibson, J. and E. Raposo (1986) "Clause Union, the Stratal Uniqueness Law, and the Chomeur Relation," *Natural Language and Linguistic Theory* 4, 295-331.

Gillon, B. S. (1996) "Collectivity and Distributivity Internal to English Noun Phrases," *Language Sciences* 18, 443-468.

Giorgi, A. (1984) "Toward a Theory of Long Distance Anaphors: A GB Approach," *The Linguistic Review* 3, 307-361.

Givón, T. (1992) "The Grammar of Referential Coherence as Mental Processing Instructions," *Linguistics* 30, 5-55.

Givón, T. (1993) *English Grammar: A Function-Based Introduction, I & II*, John Benjamins, Amsterdam.

Givón, T. (1995) "Coherence in Text vs. Coherence in Mind," *Coherence in Spontaneous Text*, ed. by M. Gernsbacher and T. Givón, 59-115, John Benjamins, Amsterdam.

Goddard, C. (2003) "Whorf Meets Wierzbicka: Variation and Universals in Language and Thinking," *Language Sciences* 25, 303-432.

Goddard, C. and A. Wierzbicka, eds. (1994) *Semantic and Lexical Universals: Theory and Empirical Findings*, John Benjamins, Amsterdam.

Goldberg, A. (1991) "It Can't Go Up the Chimney Down: Paths and the English Resultatives," *BLS* 17, 368-378.

Goldberg, A. (1995) *Constructions: A Construction Grammar Approach to Argument Structure*, University of Chicago Press, Chicago.
Göbbel, E. (2005) "Focus in Double Object Constructions," *Linguistics* 43:2, 237-274.
Green, G. M. (1989) *Pragmatics and Natural Language Understanding*, Lawrence Erlbaum Associates, Hillsdale, NJ.
Greenberg, J. H. (1971) *Language, Culture, and Communication*, Stanford University Pres, Stanford.
Greenberg, J. H. (1978) "Generalization about Numeral Systems," *Universals of Human Language*, Vol. 3, ed. by J. H. Greenberg, Stanford University Press, Stanford.
Grice, H. (1967) "Logic and Conversation." [Reproduced in P. Cole and J. Morgan (eds.) (1975) *Syntax and Semantics* 3: *Speech Acts*, Academic Press, New York.]
Gries, S. T. (1999) "Particle Movement: A Cognitive and Functional Approach," *Cognitive Linguistics* 10:2, 105-145.
Gries, S. T. (2003) *Multifactorial Analysis in Corpus Linguistics: A Study of Particle Placement*, Continuum International Publishing Group, New York.
Grimshaw, J. (1987) "Unaccusatives: An Overview," *Proceedings from the 17th Annual Meeting of the North Eastern Linguistic Society* 244-259.
Grimshaw, J. (1990) *Argument Structure*, MIT Press, Cambridge, MA.
Gruber, Jeffrey S. (1976) *Lexical Structures in Syntax and Semantics*, North-Holland Publishing Co., Amsterdam.
Gumperz, J. J. (1982) *Discourse Strategies*, Cambridge University Press, Cambridge.
Gumperz, J. J. and S. C. Levinson, eds. (1996) *Rethinking Linguistic Relativity*, Cambridge University Press, Cambridge.
Gundel, J. (1996) "Relevance Theory Meets the Givenness Hierarchy: An Account of Inferrables," *Reference and Referent Accessibility*, ed. by T. Fretheim and J. Gundel, 141-153.
Gundel, J., N. Hedberg and R. Zacharski (1989) "Givenness, Implicature and Demonstrative Expressions in English Discourse," *CLS* 25, Part 2: *Parasession on Language in Context*, 89-103.
Gundel, J., N. Hedberg and R. Zacharski (1993) "Cognitive Status and the Form of Referring Expressions in Discourse," *Language* 69, 274-307.
Halliday, M. A. K. and R. Hasan (1976) *Cohesion in English*, Longman, London.
Hancock, P. (1990) *Is That What You Mean?: 50 Common Mistakes and How to Correct Them*, Penguin Books, London.

Hanks, W. (1984) "The Evidential Core of Deixis," *CLS* 20, 154-172.
Hanks, W. (1989) "The Indexical Ground of Deictic Reference," *CLS* 25, Part 2: *Parasession on Language in Context*, 104-122. [Also in A. Duranti et al. (eds.) (1992) *Rethinking Context*, 43-76, Cambridge University Press, Cambridge.]
原口庄輔・中村捷(編)(1992)『チョムスキー理論辞典』研究社出版, 東京.
Harlig, J. (1986) "*One* Little Word that Does So Much," *CLS* 22, Part 2: *Parasession on Pragmatics and Grammatical Theory*, 91-104.
Hasan, R. (1968) *Grammatical Cohesion in Spoken and Written English*, Part I, University of London.
Hasegawa, Y. (1998) "Linguistic Systems and Social Models: A Case Study from Japanese," *BLS* 24, 117-128.
橋本萬太郎(1978)「性と数の本質」『言語』vol. 7, no. 6, 2-12.
Haspelmath, M. (1997) *Indefinite Pronouns*, Oxford University Press, Oxford.
Haspelmath, M. (2000) "Why Can't We Talk to Each Other?" *Lingua* 110, 235-255.
Hawkins, J. (1978) *Definiteness and Indefiniteness*, Longman, London.
Hinds, J. (1986a) *Japanese*, Croom Helm, London.
Hinds, J. (1986b) *Situation vs. Person Focus*, Kurosio, Tokyo.
Hinds, J. and S. Iwasaki (1995) *An Introduction to Intercultural Communication*, Nan'un-do, Tokyo.
Hodges, K. (1977) "Causatives, Transitivity, and Objecthood in Kimeru," *Studies in African Linguistics*, *Supplement* 7: Papers from the 8th Conference on African Linguistics, ed. by M. Mould and T. Hinnebusch, 113-125.
Hoekstra, T. (1984) *Transitivity*, Foris, Dordrecht.
Huddleston, R. and J. Pullum, eds. (2002) *The Cambridge Grammar of the English Language*, Cambridge University Press, Cambridge.
Humboldt, C. W. von (1988 [1836]) *On Language: The Diversity of Human Language-Structure and Its Influence on the Mental Development of Mankind* (Tr. Peter Heath), Cambridge University Press, Cambridge.
池上嘉彦(1991)『英文法を考える』筑摩書房, 東京.
Iida, M. (1993) "A Unified Theory of Zibun-binding," ms., Hewlett-Packard Laboratories, Palo Alto.
Iwata, S. (2006) "Argument Resultatives and Adjunct Resultatives in a Lexical Constructional Account: The Case of Resultatives with Adjectival Result Phrases," *Language Sciences* 28, 449-496.
Jackendoff, R. (1972) *Semantic Interpretation in Generative Grammar*, MIT Press, Cambridge, MA.

Jackendoff, R. (1993) *Patterns in the Mind: Language and Human Nature*, Harvester Wheatsheaf, New York.

Jackendoff. R. (2002) "English Particle Constructions, the Lexicon, and the Autonomy of Syntax," *Verb-Particle Explorations*, ed. by N. Dehe, R. Jackendoff, A. McIntyre and S. Urban, 67–94, Mouton de Gruyter, Berlin and New York.

Jackson, C. (1981) "Multi-level Syntactic Description: Evidence from Tamil," *Working Papers in Relational Grammar*, University of California, San Diego, La Jolla.

Jakobson, R. (1957) "Shifters, Verbal Categories and the Russian Verb," Department of Slavic Languages and Literatures, Harvard University.

Jespersen, O. (1937) *Analytic Syntax*, G. Allen and Unwin, London.

Jespersen, O. (1933) *Essentials of English Grammar*, Allen and Unwin, London.

Jespersen, O. (1965) *The Philosophy of Grammar*, W. W. Norton and Co., New York.

Johnson, K. (1991) "Object Positions," *Natural Language and Linguistic Theory* 9, 577–636.

Joshi, S. (1988) "Case Marking and Inversion in Marathi," presented at the Annual Meeting of the Linguistic Society of America, New Orleans.

Joshi, S. (1989) "Logical Subject in Marathi Grammar and the Predicate Argument Structure," *WCCFL* 8, 207–219.

Kachru, Y. (1980) *Aspects of Hindi Grammar*, Manohar Publications, New Delhi.

Kachru, Y. and T. Bhatia (1975) "The Notion Subject: A Note on Hindi-Urdu, Kashmiri, and Punjabi," *The Notion Subject in South Asian Languages*, Publication No. 2, ed. by M. K. Verma, South Asian Studies, Madison, WI.

Kachru, Y. and R. Pandharipande (1979) "Ergativity in Selected South Asian Languages," *South Asian Language Analysis* 1, 193–210.

Kameyama, M. (1984) "Subject/logophoric Bound Anaphor Zibun," *CLS* 20, 228–238.

Kaplan, R. and J. Bresnan (1982) "Lexical-Functional Grammar: A Formal System of Grammatical Representations," in J. Bresnan (ed.) (1982b), 173–281.

Karttunen, L. (1968) *What do Referential Indices Refer to?*, reproduced by IULC.

Keenan, E. L. (1976) "Towards a Universal Definition of 'Subject'," *Subject and Topic*, ed. by Charles N. Li, Academic Press, New York.

Keenan, E. L. (1984) "Semantic Correlates of the Ergative/absolutive Distinction," *Linguistics* 22, 197–223.

Kimenyi, A. (1980) *A Relational Grammar of Kinyarwanda*, University of California Publication in Linguistics 91, University of California Press, Berkeley.

King, T. H. (1991) "Grammatical Subject and Prominence in Russian," ms., Stanford University.

金水　敏・田窪行則（編）(1992)『指示詞』ひつじ書房，東京．

Kiparsky, P. (1987) "Morphology and Grammatical Relations," ms., Stanford University.

Kiss, K. (1998) "Identificational Focus versus Information Focus," *Language* 74, 245–273.

Klein, F. (1976) "'Same' vs. 'Different' Crosslinguistically: The 'Articles' in English and Spanish," *CLS* 12, 413–424.

Kramsch, C. (1998) *Language and Culture*, Oxford University Press, Oxford.

Kroch, A. and C. Small (1978) "Grammatical Ideology and Its Effect on Speech," *Linguistic Variation: Models and Methods*, ed. by D. Sankoff, 44–55, Academic Press, New York.

Kroeger, P. (1991) *Phrase Structure and Grammatical Relations in Tagalog*, Doctoral dissertation, Stanford University.

Kuno, S. (1970) "Some Properties of Non-Referential Noun Phrases," *Studies in General and Oriental Linguistics*, ed. by R. Jakobson and S. Kawamoto, 348–373, TEC, Tokyo.

Kuno, S. (1973) *The Structure of the Japanese Language*, MIT Press, Cambridge, MA.

Kuno, S. (1986) "Anaphora in Japanese," *Papers from the First SDF Workshop on Japanese Syntax*, ed. by S. Y. Kuroda, Dept. of Linguistics, University of California, San Diego, La Jolla.

Kuno, S. (1987) *Functional Syntax: Anaphora, Discourse and Empathy*, University of Chicago Press, Chicago.

久野　暲 (2000)「『ダケ・シカ』構文の意味と構造」『日本語学・日本語教育学国際シンポジウム報告書』名古屋外国語大学．

黒田茂幸 (1992)「コ・(ソ)・アについて」『指示詞』金水敏・田窪（編），91–104．

Lakoff, G. (1968) *Deep and Surface Structure*, Indiana University Linguistics Club, Bloomington.

Lakoff, G. (1974) "Syntactic Amalgams," *CLS* 10, 321–344.

Lakoff, G. (1993) "The Contemporary Theory of Metaphor," *Metaphor and Thought*, 2nd ed., ed. by A. Ortony, 202–251, Cambridge University Press, Cambridge.

Lakoff, R. (1969) "Some Reasons Why There Can't Be Any *Some-Any* Rule," *Language* 45, 608–615.
Lakoff, R. (1973) "The Logic of Politeness: or Minding Your p's and q's," *CLS* 9, 292–305.
Lakoff, R. (1974) "Remarks on *this* and *that*," *CLS* 10, 345–356.
Lakoff, R. (1975) *Language and Women's Place*, Harper and Row, New York.
Leech, G. N. (1983) *Principles of Pragmatics*, Longman, London.
Leibniz. G. W. (1981 [1703]) *New Essays on Human Understanding*, trs. by P. Remnant and J. Bennett, Cambridge University Press, Cambridge.
Levin, L. (1986) *Operations on Lexical Forms: Unaccusative Rules in Germanic Languages*, Doctoral dissertation, MIT.
Levin, B. and M. Rappaport Hovav (1995) *Unaccusativity: At the Syntax-Lexical Semantics Interface*, MIT Press, Cambridge, MA.
Lindstromberg, S. (1997) *English Prepositions Explained*, John Benjamins, Amsterdam.
Littlefield, H. (2005) *Syntax and Acquisition in the Prepositional Domain: Evidence from English for Fine-grained Syntactic Categories*, Doctoral dissertation, Boston University.
Lohse, B., J. Howkins and T. Wasow (2004) "Domain Minimization in English Verb-particle Constructions," *Language* 80, 238–261.
Lord, C. and K. Dahlgren (1997) "Participant and Event Anaphora in Newspaper Articles," *Essays on Language Function and Language Type*, ed. by J. Bybee, J. Haiman and S. A. Thompson, 323–356, John Benjamins, Amsterdam.
Lyons, J. (1977) *Semantics, I & II*, Cambridge University Press, Cambridge.
Maling, J. (1984) "Non-clause Bounded Reflexives in Modern Icelandic," *Linguistics and Philosophy* 7, 211–241.
Manning, C. (1991) "Lexical Conceptual Structure and Marathi," ms., Stanford University.
Martin, S. E. (1975) *A Reference Grammar of Japanese*, Yale University Press, New Haven.
Masica, C. (1976) *Defining a Linguistic Area: South Asia*, University of Chicago Press, Chicago.
Masica, C. (1982) "Identified Object Marking in Hindi and Other Languages," *Topics in Hindi Linguistics vol 2*, ed. by O. N. Koul, Bahri Publication, New Delhi.
McCawley, J. D. (1968a) "The Role of Semantics in a Grammar," *Universals in Linguistic Theory*, ed. by E. Bach and R. Harms, Holt Rinehart and

Winston, New York.

McCawley, J. D. (1968b) "Lexical Insertion in a Transformational Grammar without Deep Structure," *CLS* 4, 71-80.

McCawley, J. D. (1968c) "Review of Current Trends in Linguistics 3," *Language* 44, 556-593.

McCawley, J. D. (1975) "Lexicography and the Count-mass Distinction," *BLS* 1, 314-321. [Reprinted in McCawley (1979), 167-179.]

McCawley, J. D. (1979) *Adverbs, Vowels and Other Objects of Wonder*, University of Chicago Press, Chicago.

McGloin, N. H. (1976) "Negation," *Syntax and Semantics* 5: *Japanese Generative Grammar*, ed. by M. Shibatani, Academic Press, New York.

三上 章（1972）『現代語法新説』くろしお出版，東京．

Mohanan, K. P. (1982) "Grammatical Relations and Clause Structure in Malayalam," in J. Bresnan (ed.) (1982b), 504-589.

Mohanan, K. P. (1983a) "Functional and Anaphoric Control," *Linguistic Inquiry* 14, 641-674.

Mohanan, K. P. (1983b) "Move NP or Lexical Rules?" *Papers in Lexical-Functional Grammar*, ed. by L. Levin, M. Rappaport and A. Zaenen, Indiana University Linguistics Club, Bloomington.

毛利可信（1983）『橋渡し英文法』大修館，東京．

Moravcsik, E. (1978) "Agreement," *Universals in Human Language*, vol. VI, ed. by J. Greenberg, Stanford University Press, Stanford.

Morgan, J. (1969) "On Arguing about Semantics," *Papers in Linguistics 1*, Florida State University, Tallahassee.

Mufwene, S. (1981) "Non-Individuation and the Count/Mass Distinction," *CLS* 17, 221-238.

中右 実・西村義樹（1998）『構文と事象構造』研究社，東京．

中野真宏（1979）「英語の数概念 (The Numeral Conception of the Noun)」『英語と日本語と：林栄一教授還暦記念論文集』くろしお出版，東京．

Nemoto, N. (2005) "On Mass Denotations of Bare Nouns in Japanese and Korean," *Linguistics* 43:2, 383-413.

Newmeyer, F. J. (2002) "The Discrete Nature of Syntactic Categories: Against a Prototype-Based Account," *Syntax and Semantics* 32: *The Nature and Function of Syntactic Categories*, ed. by R. D. Borsley, Academic Press, San Diego.

Nichols, J. (1978) "Secondary Predicates," *BLS* 4, 114-127.

Nilsson, B. (1985) *Case Marking Semantics in Turkish*, Doctoral dissertation, University of Stockholm.

西山佑司（1990）「コピュラ文における名詞句の解釈をめぐって」『文法と意味の間』

国広哲弥教授退官記念論文編集委員会(編)，くろしお出版，東京.
野元菊雄 (1978)「日本語の性と数」『言語』vol. 7, no. 6, 14–19.
Ogden, C. K. and I. A. Richards (1923) *The Meaning of Meaning*, Routledge & Kegan Paul, London.
大野　晋 (1978)『日本語の文法を考える』岩波書店，東京.
奥野浩子 (1980)「定冠詞，不定冠詞のいわゆる「総称的用法」について」『英語学』第22号, 101–112.
Ostler, N. (1979) *Case Linking: A Theory of Case and Verb Diathesis Applied to Classical Sanskrit*, Doctoral dissertation, MIT.
O'Sullivan, K. (1994) *Understanding Ways: Communicating between Cultures*, Hale & Iremonger, Alexandria, NSW.
Palmer, F. (1974) *The English Verb*, Harlow, Longman.
Pandharipande, R. (1990) "Experiencer Dative NPs in Marathi," in M. Verma and K. P. Mohanan (eds.) (1990), 161–180.
Partee, B. (Hall) (1972) "Opacity, Reference and Pronouns," *Semantics of Natural Language*, ed. by Davidson and Harman, D. Reidel, Dordrecht.
Pelletier, P., ed. (1979) *Mass Terms: Some Philosophical Problems*, D. Reidel, Dordrecht.
Perlmutter, D. and R. Rhodes (1988) "Thematic-syntactic Alignment in Ojibwa and Universal Grammar," paper presented at Syntax Workshop, Stanford University.
Petersen, M. (1988) *Nihonjin no Eigo*, Iwanami Shoten, Tokyo.
Pinker, S. (1989) *Learnability and Cognition: The Acquisition of Argument Structure*, MIT Press, Cambridge, MA.
Prince, E. (1981) "On the Referencing of Indefinite-this NPs," *Elements of Discourse Understanding*, ed. by A. Joshi et al., 231–250, Cambridge University Press, Cambridge.
Quine, W. (1960) *Word and Object*, MIT Press, Cambridge, MA.
Quirk, R., S. Greenbaum, G. Leech and J. Svartvik (1985) *A Comprehensive Grammar of the English Language*, Longman, London.
Rappaport, M. and B. Levin (1988) "What to Do with Theta Roles," *Syntax and Semantics* 21: *Thematic Roles*, ed. by W. Wilkins, 7–36, Academic Press, New York.
Reischauer, E. O. (1978) *The Japanese*, Harvard University Press, Cambridge, MA.
Rosen, C. (1984) "The Interface between Semantic Roles and Initial Grammatical Relations," *Studies in Relational Grammar 2*, ed. by D. Perlmutter and C. Rosen, University of Chicago Press, Chicago and London.
Rosen, C. (1990) "Italian Evidence for Multipredicate Clauses," in K.

Dziwirek et al (eds.) (1990), 415-444.

Rosen, C. and K. Wali (1989) "Twin Passives, Inversion, and Multistratalism in Marathi," *Natural Language and Linguistic Theory* 7, 1-50.

Rothstein, S. D. (1983) *The Syntactic Forms of Predication*, Doctoral dissertation, MIT.

Russell, B. (1980 [1940]) *An Inquiry into Meaning and Truth*, Allen and Unwin, London.

Ruzicka, R. (1983) "Remarks on Control," *Linguistic Inquiry* 14, 309-324.

Sag, I. and C. Pollard (1991) "An Integrated Theory of Complement Control," *Language* 67, 63-113.

Salem, M. (2003) *Bare Nominals, Focus Structure, and Reference in Germanic, Romance and Semitic*, Doctoral dissertation, Michigan State University.

Sapir, E. (1949 [1929]) "Status of Linguistics as a Science," *Selected Writings of Edward Sapir in Language, Culture and Personality*, ed. by D. Mandelbaum, 160-166, University of California Press, Berkeley.

Saville-Troike, M. (1989) *The Ethnography of Communication: An Introduction*, 2nd ed., Blackwell, Oxford.

Schiffman, R. (1984) "The Two Nominal Anaphors *it* and *that*," *CLS* 20, 344-357.

Scollon, R. and S. W. Scollon (2001) *Inercultural Communication*, 2nd ed., Blackwell, Oxford.

Sells, P. (1985) *Lectures on Contemporary Syntactic Theories*, CSLI Publications, Stanford.

Sells, P. (1987) "Aspects of Logophoricity," *Linguistic Inquiry* 18, 445-480.

Silverstein, M. (1976) "Hierarchy of Features and Ergativity," *Grammatical Categories in Australian Languages*, ed. by R. M. W. Dixon, 112-171, Australian Institute of Aboriginal Studies, Canberra.

Smith, N. and D. Wilson (1979) *Modern Linguistics: The Results of Chomsky's Revolution*, Penguin, Harmondsworth and Indiana University Press.

Sridhar, S. (1976) "Dative Subjects, Rule Government, and Relational Grammar," *Studies in Linguistic Sciences* 6:1, 130-150, University of Illinois, Urbana-Champaign.

Sridhar, S. (1979) "Dative Subjects and the Notion of Subject," *Lingua* 49, 99-125.

Takeda, S. (1981) *Reference and Noun Phrases*, Liber Press, Tokyo.

Tannen, D. (1984a) *Conversational Style: Analyzing Talk among Friends*, Ablex, Norwood, NJ.

Tannen, D. (1984b) "The Pragmatics of Cross-Cultural Communication," *Applied Lingusitcs 5:3, 189-196.

Tannen, D. (1985) *That's Not What I Meant!: How Conversational Styles Makes or Breaks Relationships*, Ballantine, New York.

Tannen, D. (1990) *You Just Don't Understand: Women and Men in Conversation*, Ballantine, New York.

Tannen, D. (1999) *The Argument Culture: Stopping America's War of Words*, Ballantine, New York.

Tenny, C. (1987) *Grammaticalizing Aspect and Affectedness*, Doctoral dissertation. MIT.

Trask, R. L. (1993) *A Dictionary of Grammatical Terms in Linguistics*, Routledge & Kegan Paul, London.

Tversky, B. (1986) "Components and Categorizations," *Noun Classes and Categorization*, ed. by C. Craig, John Benjamins, Amsterdam.

Ultan, R. (1978) "Some General Characteristics of Interrogative Systems," *Universals of Human Language*, Volume 4: *Syntax*, ed. by Joseph H. Greenberg, Charles A. Ferguson and Edith A. Moravcsik, 211-248, Stanford University Press, Stanford.

梅田博之 (1982)「朝鮮語の指示詞」*Koza Nihongo-gaku 12: Gaikokugo to no taisho III*, ed. by H. Teramura, 173-184, Meijishoin, Tokyo.

Van Valin, R., Jr. (1990) "Semantic Parameters of Split Intransitivity," *Language* 66, 221-260.

Verma, M. K. and K. P. Mohanan, eds. (1990) *Experiencer Subjects in South Asian Languages*, CSLI Publications, Stanford.

Vogeleer, S. and L. Tasmowski, eds. (2006) *Non-definiteness and Plurality*, John Benjamins, Amsterdam.

Wali, K. (1976) *Two Marathi Reflexives and Their Implication for Causative Structure*, Doctoral dissertation, Syracuse University, Syracuse, NY.

Wali, K. (1979) "Two Marathi Reflexives and Causative Structure," *Studies in Language* 3, 405-438.

Wali, K. (1989) *Marathi Syntax: A Study of Reflexives*, Indian Institute of Language Studies, Patiala, India.

Wierzbicka, A. (1991) *Cross-Cultural Pragmatics*, Mouton De Gruyter, Berlin.

Wierzbicka, A. (1992) Semantics, *Culture, and Cognition: Universal Human Concepts in Culture-Specific Configurations*, Oxford University Press, Oxford.

Wierzbicka, A. (1998) "Lexical and Grammatical Universals as a Key to Conceptual Structures," *BLS* 24, 292-307.

Williams, E. (1995) *Thematic Structure in Syntax*, MIT Press, Cambridge,

MA.

安井　稔（1978）『言外の意味』研究社出版，東京．

Yasutake, T. (1989) "On Number Marking Principles in Japanese," *The Bulletin of Aichi University of Education* 38 (Humanities), 15-27.

Yasutake, T. (1992) "A Case for Categorial Indeterminates in English," *The Bulletin of Aichi University of Education* 41 (Humanities), 127-139.

Yasutake, T. (1995) "Attribution or How to Code a Participant in a Universe of Discourse," *The Bulletin of Aichi University of Education* 44 (Humanities), 169-183.

Yasutake, T. (1997) "Individuation and Grammatical Number Marking in English and Japanese," *The Bulletin of Aichi University of Education* 46 (Humanities, Societies), 141-149.

Yasutake, T. (2000) "Secondary Predication and Linguistic Variance," *The Bulletin of Aichi University of Education* 49 (Humanities, Societies), 113-120.

Yasutake, T. (2003) "Bare Nouns and Qualitative Abstract Representation," *The Bulletin of Aichi University of Education* 52 (Humanities, Social Sciences), 37-42.

安武知子（1984a）「二重目的語構文の形態と意味」『外国語研究20』（愛知教育大学英語研究室），47-61．

安武知子（1984b）「他動詞と目的語の融合」『英語青年』第130巻8号，372．

安武知子（1988）「無標名詞の意味・語用論――類表示と個体指示――」『外国語研究24』（愛知教育大学英語研究室），57-72．

安武知子（1989）「目的語の領域拡大の論理」『英語青年』第135巻1号，22．

安武知子（1991）「補文命題の既存性と説明」『現代英語学の歩み』安井稔博士古稀記念論文集編集委員会（編），131-140，開拓社，東京．

安武知子（2003）"Duality, Ambiguity and Salience Alternation: Noun Phrase Functions in Grammar and Discourse,"『文化のカレードスコープ』久田晴則（編），225-237，英宝社，東京．

養老孟司（2003）『バカの壁』新潮社，東京．

吉田知子（1975）「語い的置き換えの機能について」『外国語研究13』（愛知教育大学外国語研究室），15-29．

Zaenen, A. (1988) *Unaccusative Verbs in Dutch and the Syntax-Semantics Interface*, CSLI Report No. 123, CSLI Publications, Stanford.

Zaenen, A. (to appear) "Unaccusativity in Dutch: An Integrated Approach," *Semantics and the Lexicon*, ed. by J. Pustejovsky, Kluwer, Dordrecht.

Zaenen, A., J. Maling and H. Thrainsson (1985) "Case and Grammatical Relations: The Icelandic Passive," *Natural Language and Linguistic Theory* 3, 441-484.

# 索　引

(数字はページ数を表す)

## [あ行]

アイコニック (iconic) な関係　164
相づち　221
アイロニー (irony)　188, 201
アイデンティティー　62, 124-126, 132-133
アスペクト的意味　183
圧縮された叙述形 (compressed form of the predication)　38
アングロ・サクソン的認知　219
異言語間(の)コミュニケーション　208-209, 215
移送動詞 (verb of sending)　155
位置の変化 (change of location)　140
位置変化動詞 (caused motion construction)　148
一項一変化の法則 (one argument one change rule)　153
一般性のレベル　42
一般的概念 (general concept)　123, 125
一般的な意味 (general meaning)　132
一般名詞 (general noun)　44, 175
一般論　223
イディオム　35, 67, 159, 184
異文化間メタメッセージ　192
異文化(間の)コミュニケーション　187, 195-196, 204-206, 222

意味 (sense)　42
意味概念 (semantic concept)　34
意味機能　138
意味上の適合性 (semantic compatibility)　131
意味場 (semantic field)　42
意味要素　46
因果関係仮説　147
韻律パターン　158
way 構文　153
受け身化 (passivization)　152
受け身形［(構)文，表現］　152, 156-157, 220
演繹的　223
婉曲語法 (euphemism)　65, 189, 201
エンパシー (empathy)　221
遠方直示詞　105
置き換え語 (substituting term)　56-57
置き換え表現　57
「置く・除く」タイプの動詞 (verb of putting/removing)　149
お世辞　213-214

## [か行]

外延 (extension)　47, 75
外界指示用法　93, 100
下位区分　213
解説調 (expository)　104
解説文　135

概念化　18, 180-182, 218
概念化（の）様式 (mode of conceptualization)　159-160, 179, 181
概念領域 (conceptual sphere)　101
下位範疇化　35-37, 61, 212
会話スタイル (conversational style)　186, 193-196, 198-199, 204, 207, 209, 215, 221-222
会話の含意 (implicature)　187
会話の公準 (conversational postulate)　45
仮言含意 (conditional implication)　59, 61
可算性　26, 79
可算性の選好 (countability preference)　81
可算／不可算 (countable/uncountable)　2, 8, 70
過剰一般化 (over-generalization)　43, 223
肩書き　52-53, 55, 57, 61-62, 189
語り文 (narrative)　136, 161
価値観　192, 198-201, 214, 225
活性化済み (activated)　97
過程 (process)　152
カテゴリー化　43
可能性を述べる文脈 (context of possibility)　134
含意 (implicature)　12, 45, 133
含意関係 (implicational relation)　96, 133
関係概念　212
関係機能 (relational function)　107-108
完結性 (perfectivity)　182-183
慣習化　200
慣習化された会話スタイル　193
間接疑問縮約 (sluicing)　135
間接シグナル　193

間接性 (indirectness)　196, 198-200, 224
間接wh疑問文　135
間接的会話スタイル　202
間接的言及　53
間接的コミュニケーション　189, 200-201
間接的な表現　196
間接的メッセージ　188
間接否定 (indirect negation)　132
完全自動詞　148
完全名詞句 (full noun phrase)　18, 162
勧誘文　121
慣用句　179-181, 184, 188, 202
慣用表現　189
関連性の格律 (Maxim of Relation)　13, 21, 204
偽悪 (dysphemistic) 語法　65
聞き手基軸 (addressee-grounded)　101-102
聞き手の役割 (listenership)　224
気配り　203
擬似動詞 (quasi-verb)　170
基準反転 (scale reversal)　125
起・承・転・結　223
既知性の階層 (givenness hierarchy)　96-97
機能集合 (functional set)　25
帰納的　223
機能的前置詞 (functional preposition)　167
機能論的観点　109
規範文法　160-161
基本文 (basic sentence)　210
基本メッセージ　187, 209
義務を述べる文脈 (context of necessity)　134
疑問決定詞　117-118

疑問代名詞類　116
疑問／不定代名詞標識　119
逆説的言い回し (paradoxical phraseology)　189
強調の (emphatic)　116
協調の原理 (cooperative principle)　45, 204-205
共有知識　76
極性　122, 129, 131
均質性 (homogeneity)　198
近接照応辞　105
近接直示詞　100, 104-105, 107, 111
金言　196
空間・時間直示　99, 108
空間・時間直示詞　112
空間・時間用法　110
空間指示用法　103
空間直示詞　94, 103
空白 (ellipsis)　76
区切り　86
区切る (discontinuate)　83
具象化する (concretize)　83
句動詞 (phrasal verb)　160-168, 171-172, 176-184
句動詞構文　163, 166, 169, 171-172, 174, 177
クラス(類)　44
敬意表現　53, 222
敬語　4, 189, 194
形式ばっている度合い (formality)　224
軽蔑的意味合い (contemptuous force)　103
形容辞 (epithet)　55, 57, 66
結果句 (resultative phrase)　144, 153, 172
結果構文 (resultative construction)　142, 163, 165, 168, 171-172, 184
結果項を含む構文 (resultative argument construction)　146
結果志向 (result orientation)　160, 165, 168, 174-176, 179, 182
結果状態 (resulting state)　140, 143, 145-147, 149, 151, 153, 156, 163, 165-166, 174, 179-180, 183
結果状態志向　178
結合性 (cohesion)　224
言外の意味 (connotation)　42, 158, 188
原型的 (prototypical)　184
原型的意味 (prototypical meaning)　160
言語(学上)の普遍性 (linguistic universals)　211
言語共同体　213
言語行動様式　220
言語ショック　215
言語相対論 (Linguistic Relativity)　44, 211, 213
言語文脈　48
言語レベル (verbal level)　127, 129
原子要素 (atomic element)　210
限定形容詞 (attributive adjective)　36, 146
限定構成素 (delimitative constituent)　70
限定された (delimited) 存在物　86
限定性　82-83, 87
限定性の段階 (delimitative scale)　81-82
限定修飾 (restrictive modification)　85
語彙意味論　77
語彙化　100
語彙項目エントリー　8, 72, 85
語彙集合　43
語彙上の集合 (lexical set)　25
語彙素性　72

語彙的置き換え（lexical substitution） 55-57
語彙的使役（lexical causative）交替 151-152
語彙統語的交替（lexico-syntactic alternation） 148
語彙範疇 167, 171, 184
項（argument） 29
行為志向（action orientation） 160, 163, 165-166, 168, 174-176, 179, 182
交際言語（phatic communion） 109
拘束形態素 72
後置詞（助詞） 77
行動パターン 214
呼格 31
語順交替（現象） 159-160, 172
個人主義（individualism） 198
個人主義（的） 198-199
個人的な会話スタイル 194
個人レベルの多様性 221
個体 14-15, 60
個体指示 2, 20
個体指示機能 19, 21
個体性（individuality） 5
個体認定（individuation） 21, 70-71, 79-81, 83, 85, 91-93, 133
個体認定有り（individuated） 25, 80-82, 84
個体認定機能 94, 108-109
個体認定焦点（identificational focus） 98
個体認定性 22
個体認定度 81-83, 87, 90-91
個体認定度の段階（scale） 81-82
個体認定無し（non-individuated） 80-82, 84, 88
個体認定の欠如性（non-individuation） 14
個体認定の不要性 133

個体認定のレベル 90-91
コード（code） 211
コード化 42-45, 50, 52-53, 64, 92-94, 163
コード選択 60
ことばの壁 209, 211, 215-216, 219, 225
個別言語特有の会話スタイル 194
コミュニケーション・ギャップ 215
コミュニケーションスタイル 193, 198
固有特性 119
語用論的含意（pragmatic implicature） 158, 188
語用論的効果 107
語用論的要因 66, 130
コロケーション 35
コンセプト 219
コンテクスト 141

[さ行]

最小の対 9
最適性条件（felicity condition） 205
再分類（化）（reclassification） 26-29, 85
サピア・ウォーフの仮説（Sapir-Whorf Hypothesis） 211
サブカルチャー 43
参与者志向 93
恣意的 218
使役移動（caused motion）構文 142, 148, 154-155
使役構文 171
志向仮説（orientation hypothesis） 165
志向交替 168
志向対立 167, 176
志向の中和 172

思考様式 (mode of thought) 181
自己防衛 (self-defense) 191-192, 201
指示 (reference) 42, 47
指示機能 (referential function) 15, 42, 70, 77
指示語用論 (referential pragmatics) 53
指示修飾 (reference modification) 23, 36-37
指示上のステータス 49, 75, 78, 92
指示性 (referentiality) 42, 46, 66
指示対象 (referent) 5, 15, 17 32, 35, 40, 43-44, 48-49, 53-55, 59-60, 62-64, 66, 71, 75, 78, 83-84, 86, 88, 90-92, 96, 100, 105, 107-108, 126, 133, 178, 194
資質 (qualification) 60-62
指示的 (referential)（用法） 50-51, 87
指示的意味 64
指示的名詞句 33
指示(特)性 (referentiality) 34, 87, 95
指示能力 (referential capacity) 32
指示表現 (referring expression) 42, 47, 51, 96
指示用法 (referential usage) 94
質的区分 27
質による区分 (partition in respect of quality) 89
質の格律 (maxim of quality) 45, 204
質問の前置き (pre-question) 201
自動詞移動 (intransitive motion) 構文 142
自民族中心主義的 (ethnocentric) 218, 225
社会化 (socialize) 218

社会的ルール 193
斜格の位置 (oblique position) 29
尺度部分詞 (measure partitive) 88
写像関係 47
周縁的 (peripheral) 105, 110
習慣化 222
集合体化 (MASS-ification) 81
集合体標示辞 (collective marker, CM) 76, 82-83
修辞表現 (figure of speech) 181
受益者 (beneficiary) 155
縮約形 190
主陳述 (primary predication) 138-139, 145-147, 149-152, 154, 157
述語概念 34
述語付加詞 (predicative adjunct) 164, 170
取得動詞 (verb of obtaining) 155
首尾一貫性 (coherence) 224
準特定的用法 61-62
情意 (affective meaning) 12
使用域 (register) 134
上位概念 44
上位語―下位語関係 57
情意の負荷 (affect-loadedness) 64
照応現象 (anaphora phenomenon) 104
畳語 3
常体・敬体の区別 212
状態動詞 157
状態変化 143
状態変化動詞 151
焦点 ((in) focus) 97-98, 142, 157, 165, 180
焦点位置 166, 176, 178
焦点移動 (focus shift) 96-97
焦点化 64
焦点構造文 98
焦点副詞 (focus adverb) 141-142,

157
情動的含意（emotional connotation） 220-221
情動的喜び 201
情報構造 63
情報焦点 98
情報処理上の能率（processing efficiency） 161
情報処理の必要性（processing requirement） 162
叙述名詞（predicate nominal） 9, 12, 31
叙述名詞句 22
所有（possessive）構文 143
シルヴァスティン階層（the Silverstein hierarchy） 177
新出要素 174
心情（・感情的）態度 55, 57
シンタグマ 8
心的関わり（involvement） 108
心的指示用法 110
心的態度 41, 51, 55, 66, 110, 112, 130
心的直示 101, 103
心的直示詞 107
心的要因 108
心的用法 108
親密性（involvement） 198, 201
親密な関係（rapport） 191, 201, 203
親密／独立の対立 200
心理言語学 219
心理的実在物 40
心理的世界 103
心理的領域 100
人類言語学 209
推論（inference） 158
数概念 3, 80
数限定可能（denumerable） 81, 88
数限定可能性 81, 88

数限定システム（denumeration system） 71
数限定手段 79, 88
数限定不可能（non-denumerable） 81-82
数標示 3, 5, 7, 15, 18, 70-71, 75-76, 82-83, 90
数標示形式 91
数標示形態素（number marking morphology） 28, 32, 42, 70
数標示システム 70, 75, 82, 91
数標示手段 88, 91
数標示の原則 80
数標示パターン 79, 91
数分類辞（numeral classifier, counter） 3
数類別詞 83, 88-89
数類別詞言語（numeral classifier language） 75, 81-82
ステレオタイプ 207, 223-224
成句（set phrase） 7
制限的副詞（restrictive adverb） 142
生産性 36
世界観 218, 225
世界に関する知識（encyclopedic knowledge） 17, 46, 48
世界認識（cognition of the world） 40
世界認知 218
接近可能（accessible） 50, 75, 215
接近可能性（accessibility） 162
接辞 83
絶対否定（categorical negation） 131
ゼロ冠詞 7, 10, 12
善意（good will） 225
前位名詞 35
前景化する（foregrounding） 40, 59-60
前景性 18

索　引　249

潜在的数標示可能性　81
全体性要件（holistic requirement）　149, 154
選択自由（free choice）　132-133
選択自由不定代名詞類　122
前置詞付き動詞（prepositional verb）　168-169, 184
前置詞的副詞（prepositional adverb）　167
前提　63, 130, 133
前方照応項目（anaphoric reference item）　34
前方照応的　106
専門的（technical）　106
相互依存（interdependence）（性）　198-199
総称的（generic）　33
総称的集合　48
総称的状況（generic situation）　132
総称名詞句　66-67
創造動詞（verb of creation）　155
属（genus）　44
属性　32, 54, 64
属性コーディング　57
属性抽出表示（quality abstract representation）　32
属性的（attributive）解釈　50
属性的用法（attributive use）　49, 51, 53, 60
属性のコード化機能　42
属性表示　66
属性表示機能（attributive function）　39, 42, 51, 61-63, 66
属性付与　48
属性名詞句　66
素性　70, 72-73
属格助詞　118
存在物の集合　80
存在論的カテゴリー（ontological concept）　123, 127
存知（familiar）　97

[た行]

体系的　213
対照強勢　157
対象認知　70
態度形容詞（attitudinal adjective）　57
第二の陳述（secondary predication）　138
第二のメッセージ　187, 209
対比的意味合い　39
対比的含意　35, 37
対比的文脈　38
タイプ（type）　60
タイプ部分詞（type partitive）　88
多義語（polysemy）　132
多機能性（multifunctionality）　132
卓抜性（saliency）　128
多元主義（pluralism）　198
脱他動詞化（ditransitivization）　152
タテマエ（立て前／建前）　201
他動句動詞（transitive phrasal verb）構文　159-161, 165, 171, 184
他動性（transitivity）　163
単一動詞（single verb）　160
単位部分詞（unit partitive）　88
短型表現　195
断言（assertion）　133, 138
単数／複数（±plural）　2, 70-71
単数・複数言語（singular／plural language）　75, 80, 88
談話機能（discourse function）　25, 32, 112, 114, 116, 126-128, 152, 162
談話共同体（discourse community）　214-215, 218, 221
談話語用論（discourse pragmatics）

45-46, 63, 75-77, 83, 160, 164, 166, 184
談話参与者　43, 52, 99-100, 103, 125
談話指示用法　110
談話上の新しさ（discourse new）　75
談話上のステータス　75, 78
談話スタイル　214
談話セグメント　105
談話直示（discourse deictics）　99, 101, 103
談話直示詞　103
談話の宇宙　32
談話要因（discourse factor）　160, 207
近い／自己に近接（close/near self）　100
逐語訳　212
着点（goal）　145
着点句（goal phrase）　145
着点表現　145
直示系列　101
直示的照応辞　104
直示表現　77
直示領域　102
直接性（directness）　198
直接的会話スタイル　194
直接否定（direct negation）　132
陳述（predication）　63, 131, 138-139, 144, 152, 157
陳述システム　147, 157
通言語的（cross-linguistic）　94, 112
突き放し（distancing）　108
ディスコース　188
定性（definiteness）　42, 50, 66, 95
定性標示（definiteness marking）　75
定性付与　127
定存在物　52
手続き的談話（procedural discourse）　57
徹底性（exhaustiveness）　182

伝達意図　40, 60, 62, 209
伝達メッセージの動詞（verb of communicated message）　154
伝達目的　41
伝統的価値　214
遠い／他者に近接（distal/close to other）　100
同格表現　55
同形（homomorphous）　12
凍結表現（frozen expression）　7
統語環境　32
統語上の混交（syntactic amalgam）　135
統語素性　72
統語特性　184
統語範疇　114, 179
動作志向文　145
動詞―不変化詞結合（verb-particle combination）　159
到達状態（achieved state）　146
同定可能（identifiable）　50, 97
同定可能性（identifiability）　28, 128
同定機能　112
同定不可能　127
同定不可能性　128
導入―本文―結論　223
特徴づけ　17
特定化（specify）　153
特定かつ既知（specific known）　132
特定かつ未知（specific unknown）　132
特定性（particularity）　130
特定的（specific）　47
特定的解釈　48
特定的指示名詞句　66
特筆的（particular）　142
独立性（independence）　198
トークン（token）　60
閉じられた範列的集合（closed para-

digmatic set) 94
トピック 104

[な行]

内在的意味 16
内在的性質 8
内心 (endo-centric) 複合名詞 22
仲間意識・連帯感 190
何らかの予測 (assumed something) 130
二項対立的 198
二語動詞 (two-word verb) 159
二次述語 165
二者択一 168
二者択一的 (dichotomous) 概念 87
二重陳述現象 157
二重陳述システム 147
二重標準 (double standard) 201
二重分類名詞 (nouns with dual class membership) 84
二重身分性 (dual class membership) 26, 28-29
二重目的語構文 (ditransitive construction) 142, 144, 154-155
ニュースバリュー 161, 173
人間悟性 210
人間精神の統一性 210
認識論 5
認知システム 76
認知(上の)ステータス[地位] 72, 77, 89, 96, 172
認知的態度 51
認知ファイル (cognitive file) 126-127, 129
ノンバーバル 189-191, 209

[は行]

背景化 66
背景的存在 32
背景的な情報 90
媒体 (medium) 209, 225
排他的 (exclusive) 142
バカの壁 224-225
パーソナリティ 192
はだか名詞 (bare noun) 2-3, 5-9, 11-16, 18-26, 28-37, 39, 70, 75-79, 81, 83, 87, 91-92
はだか名詞句 (bare noun phrase) 2, 18
はだか名詞形 15, 21, 25
はだか名詞現象 26
はだか名詞構造 22
はだか名詞表現 12, 18, 22, 77
発言権の侵害 221
発話行為理論 207
話し手基軸 (speaker-grounded) 101-102, 106
話すペース (pacing) 224
パラ言語 (paralanguage) 221
パラメトリックな変異 100
範囲限定 (delimiting) 145
半語彙的前置詞 (semi-lexical preposition) 167
反使役 (anticausative) 交替 151
万能コード 59
非強調の (non-emphatic) 116
非言語レベル (non-verbal level) 127
非公式なことばのやり取り (informal communication) 135
非構成的 (non-compositional) 160
非使役動作動詞 (non-causative action verb) 146
非指示性 32, 39
非指示的 (non-referential) 39, 87,

90

非指示的名詞句 (non-referential noun phrase) 21-22
非実在かつ非特定 (irrealis nonspecific) 132
非数字量化詞 (non-numeral quantifier) 79, 87-88
非卓抜性の原則 (non-saliency principle) 124
否定極性 116
否定極性代名詞類 (negative polarity pronominal) 131
否定条件文 121
被動体 144, 153, 155
被動体目的語 (patient object) 148
非特定的 (non-specific) 47, 60, 66
非標準的 (non-standard) 160
非分配的 (non-distributive) 122
百科事典的知識 52
非有界 (unbounded) 70, 92, 144
非有界性 85, 91
非有界文 85-86
非有界名詞句 (unbounded noun phrase) 85-87
評価形容詞 108
評価動詞類 106
表示 (index) 31
標示 71
標識 77
開かれた類 184
ファーストネームで呼び合う仲 (to be on first-name terms) 189
付加的副詞 (additive adverb) 142
付加詞補語 (adjunct complement) 144
複合語 (compound) 36
複合語説 36
複合名詞表現 14
複数機能項目 (multifunctional item)

75

複数形態素 2, 88
複数接辞 3, 15, 21, 24-25, 75-76, 89
副陳述 (secondary predication) 138-141, 143-151, 153-158, 163, 170-171
不定決定詞 118, 124-125
不定決定詞用法 115
不定限定詞 12
不定詞補語 147
不定性 (indefiniteness) 126-127
不定総称名詞句 87
不定代名詞系列 130
不定代名詞類 (indefinite pronominal) 113-114, 116-126, 128-129, 131-135
不定のアイデンティティー 115
不定非特定的名詞句 60
不定標識 119, 132
部分詞 88-89, 131
部分詞機能 88
部分詞構造 89
部分詞構文 (partitive construction) 71, 88-89
不変化詞移動規則 (particle movement) 159
不変化詞外置 171, 177, 179
不変化詞の位置決定 (particle positioning) 161
普遍的特徴 211
プライバシーの侵害 214
フレーム(準拠枠) 33
不連続依存構造 (discontinuous dependency) 161
不連続形 160-161
プロトタイプ 139
プロトタイプ的行為 6
文化相対的 226
文化的価値観 211
文化的多元性 198
文化的連想 216

文強勢　157
文章構成法　222-223
分配的（distributive）　122
文法上の数　2-4, 16-17, 70-71
文法的カテゴリー　3-6
文法パターン　210
文法範疇　2
文脈依存性　177
文脈指示用法　93, 100
文脈情報　13, 41
分裂文　98
偏見　218
遍在（omnipresence）（性）　29-30, 32
弁別的機能　98
弁別的使用　99
報告文　136
ボディランゲージ　209
ポライト　197
ポライトネス　40, 191, 194, 196-197, 200, 202-203, 205
ポライトネス行動　197
ポライトネスの原理　198, 203
ポライトネス理論　203
ホンネ（本音）　201
翻訳　217, 219

無標用法　42
名詞後限定（postnominal delimitation）　89-90
名詞前限定（pronominal delimitation）　89-90
名詞前修飾語（noun-phrase premodifier）　29, 31
名詞対（matched nouns）　31
明示的意味（denotation）　47
名詞派生の形容詞（denominal adjective）　36
名詞表現（nominal expression）　70
メタファー　160, 177, 180-181
メタファー的イメージ（metaphoric image）　188
メタファー的概念化　181
メタファー的拡張　110, 112, 184
メタメッセージ（metamessage）　41-42, 62-63, 187-193, 196-197, 200-204, 207, 209-210
メンタルファイル　33, 128
メンタルレキシコン（mental lexicon）　28, 43
目的語包含（object incorporation）　77

[ま行]

間の取り方（pausing）　224
未知（unknown）　124
民族心理　218
民族文化（ethnic culture）　207, 217
民族文化的行動パターン　223
民族文化的背景　221
無関心　203
無指定（unspecified）　124
無標（unmarked）　12, 16, 37, 141, 157-158, 213, 221
無標の韻律　158

[や行]

唯一同定（uniquely identifiable）　97
有界（bounded）　70, 144
有界性（boundedness）　70-71, 85-87, 91-92
有界文　85-86
有界文強勢（marked sentence stress）　139
有界名詞句（bounded noun phrase）　85-87
融合（conflation）　34
融合目的語（conflated object）　35

有標（marked）　12, 213
有標強勢　158
有標構文　163
有標の韻律　158
有標用法　25
容器名詞　150
様態（manner）　118
様態の格律　204, 206
容認可能性　76, 107

## ［ら行］

量の格律（maxim of quantity）　21, 45, 204
類（class）　2, 13-15, 22, 88
類型論　117, 119
類接頭辞　5

類の転換（conversion）　27
類表示　2, 20, 35-37, 77
類表示機能（class-designating function）　2, 14, 18-20, 22, 70
類表示辞（class-designator）　15, 18, 20, 23, 70-71, 91-92
類別詞　71, 76, 79, 82, 87-90
レトリック　64, 215, 222-223
連結助詞（linking particle）　90
連語　18, 35-36
連続体（continuum）　87
連帯感　201
論理的含意（entailment）　139, 158

## ［わ行］

我らの歌（our song）現象　190

# 初出掲載誌一覧

第 1 章： 「無標名詞の意味・語用論──類表示と個体指示──」『外国語研究 24 号』（愛知教育大学英語研究室）（1988 年），pp. 57-72.

第 2 章： "Bare Nouns and Qualitative Abstract Representation,"『愛教大大研究報告 52（人文社会科学）』（2003 年），pp. 37-42.

第 3 章： "Attribution or How to Code a Participant in a Universe of Discourse,"『愛知教育大学研究報告 44 号（人文科学）』（1995 年），pp. 169-183.

第 4 章： "Individuation and Grammatical Number Marking in English and Japanese,"『愛教大大研究報告 46（人文社会科学）』（1997 年），pp. 141-149.

第 5 章： "Identification, Person Orientation and Deictic Reference,"『愛知教育大学研究報告 48 号（人文・社会科学）』（1999 年），pp. 93-101.

第 6 章： "Discourse-functional Properties of Indefinite Pronominals,"『愛知教育大学研究報告 51 号（人文・社会科学）』（2002 年），pp. 19-28.

第 7 章： "Secondary Predication and Linguistic Variance,"『愛教大研究報告 49（人文社会科学）』（2000 年），pp. 113-120.

第 8 章： "Discourse-Syntax Interface: A Look at Transitive Phrasal Verb Constructions in English,"『愛教大大研究報告 50（人文社会科学）』（2001 年），pp. 21-28.

第 9 章： "Mixed Metamessages Across Culture and Languages: Towards Inter-Cultural Linguistic Pragmatics,"『愛教大大研究報告 45（人文社会科学）』（1996 年），pp. 125-133.

第 10 章： "Communication across Linguistic Boundaries: Variation and Universals in Language and Cognition,"『愛教大研究報告報 53（人文社会科学）』（2004 年），pp. 23-30.

著者紹介

安 武 知 子　（やすたけ　ともこ）

1947 年，長野県生まれ．
東北大学大学院文学研究科修士課程修了．現在，愛知教育大学教授．

主な論文掲載書：『現代の英語学』(開拓社, 1981 年)，『現代英語学の歩み』(開拓社, 1991 年)，『ことばの地平——英米文学・語学論文集——』(英宝社, 1995 年)，『ことばのシンフォニー——英語英文学論集——』(英宝社, 1999 年)，『文化のカレードスコープ』(英宝社, 2003 年)，など．
訳書：『言語とは何か』(共訳, 研究社, 1978 年)，『現代英文法総論』(共訳, 開拓社, 1994 年)．

開拓社叢書 17

## 言語現象とことばのメカニズム
——日英語対照研究への機能論的アプローチ——

ⓒ 2007 Tomoko Yasutake
ISBN978-4-7589-1812-1　C3380

| 著作者 | 安 武 知 子 |
|---|---|
| 発行者 | 長 沼 芳 子 |
| 印刷所 | 日之出印刷株式会社 |

2007 年 6 月 15 日　第 1 版第 1 刷発行

発行所　株式会社　開 拓 社

〒113-0023　東京都文京区向丘 1-5-2
電話　(03) 5842-8900　(代表)
振替　00160-8-39587
http://www.kaitakusha.co.jp

[R]〈日本複写権センター委託出版物〉
本書の全部または一部を無断で複写複製（コピー）することは，著作権法上での例外を除き，禁じられています．複写を希望される場合は，日本複写権センター(03-3401-2382)にご連絡ください．